Als eine Bekannte den Tierfreund Steve Jenkins fragte, ob er nicht ein Minischwein adoptieren wolle, wusste Steve, dass sein Lebensgefährte Derk nicht gerade begeistert sein würde. Dennoch willigte er ein, sich des süßen kleinen Ferkels anzunehmen. Er hatte keine Ahnung, dass diese Entscheidung Dereks und sein Leben für immer verändern sollte. Denn rein gar nichts an Esther war »mini« – in drei Jahren wurde sie zu einem ausgewachsenen Hausschwein von 335 Kilo. Doch trotz aller Schwierigkeiten und einer Menge buchstäblicher »Schweinereien« liebten die beiden Esther: Nur, wie sollte es in ihrer Stadtwohnung mitten in Toronto mit der tierischen WG weitergehen? Wieder fassten sie einen weitreichenden Entschluss: Per Crowdfunding finanzierten sie ein Gnadenhof-Projekt für ehemalige Nutztiere. Heute leben sie mit Esther und vielen anderen tierischen Freunden auf dem Land in Ontario.
www.estherthewonderpig.com

STEVE JENKINS und DEREK WALTER sind weltweit bekannte Tierschutzaktivisten. Sie sind die Gründer der *Happily Ever Esther Farm* in Campbellville, Ontario, einem Gnadenhof für ausgediente Nutztiere.

CAPRICE CRANE ist eine erfolgreiche und vielfach preisgekrönte Roman- und Drehbuchautorin.

Steve Jenkins · Derek Walter
mit Caprice Crane

Esther, das Wunderschwein

Deutsch von Leon Mengden

btb

Die Originalausgabe erschien 2016 unter dem Titel
»Esther, the Wonderpig« by Grand Central Publishing,
Hachette Book Group, New York.

Der Abdruck der Fotos erfolgt mit freundlicher Genehmigung der Autoren.

1. Auflage
Deutsche Erstausgabe Oktober 2016

Dieses Werk wurde vermittelt durch die
Literarische Agentur Thomas Schlück GmbH, 30827 Garbsen
Umschlaggestaltung: semper smile, München
Umschlagmotive: © Steve Jenkins, Derek Walter
Satz: Uhl + Massopust, Aalen
Druck und Einband: CPI books GmbH, Leck
MK · Herstellung: sc
Printed in Germany
ISBN 978-3-442-71488-9

www.btb-verlag.de
www.facebook.com/btbverlag
Besuchen Sie auch unseren LiteraturBlog www.transatlantik.de

Für Esther, weil du uns die Kraft und den Mut gegeben hast, unseren Traum zu verwirklichen. Weil du uns jeden Tag zum Lachen bringst und uns gelehrt hast, mehr Menschlichkeit und Barmherzigkeit in unser Leben zu bringen – unser Leben, das durch dich nie wieder so sein wird wie früher, und darüber sind wir sehr froh.

Und für all die Menschen, die ihr Leben dem Schutz der Tiere widmen und anderen zeigen, wie leicht es ist, zu einer »von Esther geprüften und für gut befundenen« Lebensart zu gelangen. Langsam, aber sicher können und werden wir ein Umdenken auf dieser Welt bewirken.

Und für die Millionen Esthers auf diesem Planeten, die nicht so viel Glück gehabt haben. Wir lieben euch, und es tut uns so leid um euch, und wir werden nie aufhören, daran zu arbeiten, dass ihr nicht namenlos bleibt.

1

Ein Leben ohne ab und zu ein bisschen Nervenkitzel lohnt im Grunde gar nicht, gelebt zu werden. Allerdings gibt es die eine Form von Nervenkitzel und es gibt auch die andere: etwa einen Güterzug, der andauernd um drei Uhr morgens auf dein Schlafzimmer zugerast kommt.

Wir nennen das die »Schweinchenparade«.

Es klingt zwar verniedlichend, aber es ist absolut nichts Niedliches oder Putziges daran, von einem über 300 Kilo schweren Schwein aus dem Schlaf gerissen zu werden, das den Flur hinabdonnert. Man nimmt es zunächst unterschwellig wahr, als eine Vibration, die in der Matratze zu rumoren beginnt und einem erst nach und nach ins dämmerige Unterbewusstsein dringt – bis einem nur wenige Augenblicke bleiben, um zu begreifen, was da auf einen zugaloppiert, und rasch den Platz zu räumen für ein Mammut, das felsenfest entschlossen ist, es sich auf dem Bett gemütlich zu machen. In dem ganzen Tohuwabohu aus umherfliegenden Kopfkissen und Menschen, Hunden und Katzen, die verzweifelt versuchen, sich aus der Gefahrenzone zu bringen, hört man das immer lauter werdende Geräusch von über die Holzdielen hinwegpolternden Hufen, die mit jeder Sekunde an Tempo zulegen. Das brennt sich schon nach dem ersten Mal für ewig in die Psyche ein, und man ist dann auf eine Reaktion *konditioniert* – wie der pawlowsche Hund, der reflexmäßig weiß, was in einer bestimmten Situation zu tun ist. So war es auch bei Reuben und Shelby, unseren beiden heiß geliebten Hunden, wohingegen Delores und Finnegan, unsere Katze und unser Kater, selber sehen müssen, wo sie bleiben.

Das Haus erbebt praktisch mit jedem Huftritt; es ist ein Donnergetöse, gelegentlich untermalt von einem Poltern, wenn ein Möbelstück über den Haufen gerannt wird. Man spürt es in allen Gliedern, aber es gibt rein gar nichts, was man dagegen unternehmen kann.

Und dann kommt unsere herzallerliebste Prinzessin ins Zimmer gestürmt – vermutlich war es ein nächtliches Geräusch, das sie hochschrecken ließ – und schmeißt sich auf unser Bett. Ziemlich genau so, wie sie sich in unser beider Leben geschmissen hat. Und wenn es auch jedes Mal wieder ein Kampf und ein Krampf ist, Platz für sie zu schaffen, so ist es doch eine ganz neue, wundervolle Art des Nervenkitzels für uns, die wir auf gar keinen Fall mehr missen möchten.

Vielleicht war es von jeher meine Bestimmung, das Herrchen eines Schweins zu werden. Ich habe immer schon ein Herz für Tiere gehabt. Wenn ich in eine Situation geriete, in der ich sowohl einen Hund als auch einen Menschen aus einer Falle befreien müsste, dann würde ich – so ungern ich es zugebe – zunächst dem Tier helfen. Tiere brauchen menschlichen Beistand. Keine Ahnung, wo es herrühren mag, aber ich habe mich stets als ihr Beschützer gefühlt.

Mein allererster bester Kindheitsfreund war Brandy, die Hündin. Ein Schäferhundmischling mit Schlappohren und einem langen, geraden Schweif. Sie war braun und schwarz gefleckt und stellte damit einen hübschen Kontrast zu meinem eigenen hellblonden Wuschelkopf dar – wobei ich mit Schlappohren und einem Schweif natürlich nicht dienen konnte. Ich sah früher ein bisschen aus wie Dennis, der Lausbub aus dem Comicstrip, und einige Leute würden glatt behaupten, wir hätten auch ähnliche Charakterzüge gehabt.

Brandy und ich waren unzertrennlich. Sie folgte mir überallhin wie mein Schatten – nicht nur, wenn ich Freunde besuchte oder in den Park ging, sondern sogar von einem ins andere Zimmer.

Wir lebten damals in Mississauga, einer ziemlich großen Stadt in der kanadischen Provinz Ontario, aber es war eine andere Zeit, unkomplizierter und gefahrloser. Wir waren entweder zu Fuß oder mit unseren Fahrrädern unterwegs, bis es dunkel wurde und damit Zeit, heimzukehren.

Bevor bei uns ein Tier ins Haus kam, war ich als abenteuerlustiger Sechsjähriger immer darauf aus, herauszufinden, was für Tiere die Nachbarn hatten, und dabei schlug ich gelegentlich über die Stränge, wenn es darum ging, einen neuen Freund zu gewinnen. Meine Eltern haben dafür gesorgt, dass ich niemals den Abend vergessen werde, an dem ich die Regel verletzte, dass man bei Einbruch der Dunkelheit daheim sein musste. Ich hatte mich an jenem Tag mit einem Hund aus einem der umliegenden Gärten angefreundet – bis mich nach einer gewissen Weile die Leute, die dort wohnten, darauf hinwiesen, dass es nun langsam Zeit wäre. Also trottete ich los, ging durch das Gartentor und verschwand außer Sichtweite. Doch kaum hatte sich diese Familie in ihre Räumlichkeiten zurückgezogen, schlüpfte ich wieder in den Garten, um weiter mit ihrem Hund zu spielen. Belanglosigkeiten wie besorgte Eltern oder Hausfriedensbruch kümmern Kinder nicht.

Ich flog auf, während wir gerade mit Feuereifer beim Apportieren waren, weil nämlich der Stock versehentlich die Fensterscheibe traf. (Sehr geschickt, dass ich das dem Stock anhänge, oder? Obwohl ich ihn geworfen hatte. Dem Hund konnte ich ja schließlich schlecht die Schuld geben.)

Als die Vorhänge beiseitegeschoben wurden und die Hausbesitzer hinausschielten, um zu schauen, was das für ein Lärm gewesen war, rührte ich mich nicht von der Stelle. Ich versuchte mir einzubilden, ich wäre ein Chamäleon, und hoffte auf diese Weise, mit dem Hintergrund ihres Gartens zu verschmelzen.

Ich hätte es vielleicht lieber als Ninja, als unsichtbarer Kundschafter aus dem alten Japan, versuchen sollen, denn das mit dem Chamäleon klappte überhaupt nicht. Sonderbarerweise hatten sie mich sofort entdeckt, aber die Dame des Hauses war so freundlich, aus der Tür zu treten und mich einzuladen, ins Haus zu kommen und *dort* mit dem Hund zu spielen – wo es nichts zu apportieren gab und auch keine Fensterscheiben zerbrechen konnten.

Eine herzerwärmende Episode, nicht wahr?

Komisch, wie schlagartig die Stimmung kippt, wenn die Polizei vor der Tür steht.

Ja, das war das Ende der Geschichte. Auf das Begehren meiner panischen Eltern hin schien man die ganze Gegend abgesucht zu haben. (Es war zumindest angenehm zu wissen, dass die Eltern sich um einen Sorgen machten.) Ich hatte ehrlich nie daran gedacht, in was für Angst und Schrecken ich meine Eltern versetzt hatte, indem ich nicht pünktlich zu Hause eingetroffen war. Aber Sie können mir glauben: Ich habe mir einiges deswegen anhören müssen, als ich wieder daheim war, und zwar nicht nur ein Mal, sondern pausenlos – bis ich an diesem Abend endlich ins Bett durfte.

Doch unterm Strich hat sich meine kleine Verfehlung gelohnt: Noch in derselben Woche brachten meine Eltern mir einen Hund mit. Denn so etwas sollte nie wieder geschehen.

Sooft meine Eltern auswärts waren, zog meine Großmutter väterlicherseits zu uns. Sie war zwischen den beiden Weltkriegen in Schottland aufgewachsen. Ich würde sie nicht unbedingt als stures Weib bezeichnen wollen, aber es bestand für mich kein Zweifel daran, dass meine Großmutter *Nein* meinte, wenn sie *Nein* sagte. Dennoch liebte ich sie abgöttisch, und wir kamen immer bestens miteinander aus, obwohl mein gesunder Respekt vor ihr vermutlich der Grund dafür war, dass meine Eltern mich so gerne ihrer Obhut überließen.

Eines Tages, als meine Eltern wieder einmal nicht da waren und Großmutter sie vertrat, bin ich hinüber zum

Haus unserer Nachbarn gelaufen. Aus irgendeinem Grund wollte Großmutter nicht, dass ich Brandy mitnahm. Mir war klar, dass Brandy das gar nicht gefallen würde, aber meine Großmutter duldete keine Widerrede, also ließ ich Brandy bei ihr.

Das war das letzte Mal, dass ich sie lebend sah.

Weil ich ja gleich nebenan mit den anderen Kindern spielte, konnte Brandy meine Stimme und mein Lachen hören, und das machte sie ganz kribbelig, weil sie zu mir wollte. Sie wusste ja, dass ich nur einen Sprung über einen Zaun weit entfernt war, und das probierte sie jetzt. Doch bei dem Versuch verfing sich ihr Halsband im Zaun, und sie brach sich das Genick.

Glücklicherweise habe ich sie nicht selber dort am Zaun hängen sehen – ich erfuhr erst später von meinen Eltern, was passiert war. Aber allein schon das Wissen um Brandys Tod war einfach zu viel für mich. Da Sie gerade dieses Buch lesen, mögen Sie offensichtlich Tiere, und ich bin sicher, dass Ihnen diese Geschichte an die Nieren geht. Bestimmt können Sie sich vorstellen, wie sehr es mich getroffen hat – das Kind, für das Brandy fester Bestandteil seiner Familie war.

Viele Menschen haben es miterleben müssen, wie ihr geliebtes Haustier von einem Auto überfahren wurde, und ich will gar nicht in Abrede stellen, was für eine schmerzliche Erfahrung das ist, doch die Umstände von Brandys Tod waren nicht minder niederschmetternd. Ich habe es mir immer wieder unwillkürlich ausgemalt, wie es ausgesehen haben musste, als mein Mädchen da schlaff und leblos am Zaun hing – und das alles nur, weil sie zu mir wollte, um mit mir zu spielen. Dieses traurige Ereignis hat mich nie wieder losgelassen.

Während die meisten Erinnerungen an meine Kindheit ziemlich verschwommen sind, sticht diese mit kristallklarer Schärfe hervor. Sie ist meine erste Erinnerung daran, dass mir im wahrsten Sinne des Wortes das Herz gebrochen war, weil ich wusste, dass ich etwas verloren hatte, wovon ich nie gedacht hätte, dass ich es je verlieren würde. Als Kind denkt man nicht über die gemeinerweise viel zu kurze Lebenserwartung unserer Haustiere nach und glaubt einfach, unsere vierbeinigen Kameraden würden für immer und ewig an unserer Seite bleiben. Doch selbst wenn man mich darauf vorbereitet hätte, dass ich eines Tages, in zehn oder vierzehn Jahren vielleicht, von Brandy würde Abschied nehmen müssen, hätte ich das nie wahrhaben wollen. Noch heute werden mir die Augen feucht, wenn ich an sie denke.

Zu meiner Kindheit fallen mir in erster Linie die Ferienreisen mit meinen Eltern oder meine Fahrradtouren zu dem See in der Nähe unseres Hauses ein. Ja, und natürlich auch wieder meine Streifzüge durch unsere Nachbarschaft – ganz à la Lausbub Dennis. Brandys Tod aber bleibt der Augenblick herzzerreißenden Kummers, an den ich mich bis heute so erinnere, als wäre das alles erst gestern gewesen, ein qualvoll schmerzlicher Verlust, verbunden mit der Erkenntnis, dass ich es mir selber zuzuschreiben hatte, dass sie versuchte, auf das Nachbargrundstück zu gelangen, um bei mir zu sein. Noch Monate später bin ich nachts erwacht und habe ihren Namen gerufen – und bin dann in bitterliches Weinen ausgebrochen, als mir aufging, dass es kein böser Traum gewesen und Brandy wirklich *nicht mehr da* war. Und ich gab mir allein die Schuld daran. Ich glaube, das war der Moment, in dem ich mir fest vornahm, niemals ein Tier, das meiner bedurfte, im Stich zu lassen.

Ich fühle mich einfach sehr zu Tieren hingezogen. Mag sein, dass man das ein Problem nennen könnte.

Bevor Esther zu uns kam, waren wir bereits zwei Männer, eine Frau, zwei Hunde und zwei Katzen, die auf engstem Raum, nämlich auf 90 Quadratmetern Wohnfläche, in einem Haus in Toronto zusammenlebten. Es war ein schlichter Bungalow mit einem kombinierten Wohn-, Ess- und Kochbereich und drei Schlafzimmern. Eines davon teilten Derek und ich uns; ein weiteres gehörte einer Mitbewohnerin, und das dritte stellte ein provisorisches Gemeinschaftsbüro dar, das wir drei für unsere unterschiedlichen Zwecke nutzten: Ich erledigte von dort aus einen Teil meiner Maklergeschäfte, Derek telefonierte, um Engagements als Zauberer zu bekommen, und für unsere Mitbewohnerin war es das Studierzimmer, in dem sie sich auf ihre Diplomarbeit vorbereitete.

Unser einziger Fernseher stand in einer Ecke des Wohn-, Ess- und Kochbereichs, und hier ging es so beengt zu, dass bei den seltenen Gelegenheiten, zu denen wir alle drei uns gemeinsam eine Sendung anschauen wollten, gar nicht genügend Sitzfläche für uns zur Verfügung stand – von unseren beiden Hunden ganz zu schweigen, die es sich ebenfalls gerne im »Wohnzimmer« bequem machten; es erschien uns nicht fair, sie von ihren Plätzen herunterzujagen, denn bei uns herrschte das sogenannte Windhundprinzip: *Wer nicht kommt zur rechten Zeit, der muss seh'n, was übrig bleibt.* Und das schloss natürlich die Hunde mit ein, was in der Regel dazu führte, dass mindestens einer von uns Menschen sich mit einem Platz auf dem Fußboden und – wenn er Glück hatte – einem Zierkissen zu begnügen hatte.

Wir alle drei teilten uns auch das einzige Badezimmer im Haus, und wer jemals in einer Wohngemeinschaft – oder, noch schlimmer, unter einem Dach mit Kindern – gewohnt hat, weiß, zu was für Konkurrenzkämpfen das führen kann. Hört man am Morgen im Haus Schritte, schießt man aus dem Bett hoch und hofft, den anderen um Nasenlänge zu schlagen, weil man andernfalls zwanzig Minuten darauf warten muss, bis derjenige, der vorher da war, seine Toilettengeschäfte erledigt hat – und je nachdem, welches Bedürfnis einen morgens drängte, konnten dies *sehr lange* zwanzig Minuten werden. Das war einer der unerfreulichsten Aspekte des Zusammenlebens auf so engem Raum; allzu oft kreuzten sich unsere Pläne für den Tag: Unsere Mitbewohnerin war spät dran auf dem Weg zur Uni, ich hatte einen dringenden Termin, Derek musste zu irgendeiner Veranstaltung – und wir alle wollten vorher noch diesen *einen* Raum aufsuchen. Immerzu war irgendwer gehetzt, und gleichzeitig musste ein anderer pinkeln.

Und wenn wir nicht gerade um den strategisch günstigsten Startplatz für den Run aufs Klo wetteiferten, kamen wir uns anderswo in die Quere. Also bemühten wir uns, dem anderen möglichst viel Raum zu geben. Wenn Derek in unserem Gemeinschaftsbüro war und Crystal in ihrem Schlafzimmer, setzte ich mich oft mit meinem Laptop in unsere Wohnecke, um dort zu arbeiten, und in genau einer solchen Situation bekam ich auf Facebook eine Nachricht von Amanda, einem Mädchen, mit dem ich in der Schule befreundet gewesen war und von dem ich seit fünfzehn Jahren nichts mehr gehört hatte.

> Hallo Steve, ich weiß noch, dass du immer ein totaler Tierfreund gewesen bist. Ich habe ein Zwergschwein, das sich mit meinen Hunden nicht versteht. Ich habe gerade ein Kind bekommen und kann das Schwein nicht behalten.

Das weckte spontan meine Neugier. Ich saß zwar ganz alleine in unserer Wohnecke, aber ich glaube, ich habe mich trotzdem verstohlen umgeschaut, ob auch niemand da war, der einen Blick auf meinen Laptop werfen oder den heiter verklärten Ausdruck auf meinem Gesicht sehen konnte. Ein *Zwergschwein*? Eine entzückende Vorstellung. Wer würde wohl nicht gern ein *Zwergschwein* besitzen?

Im Nachhinein betrachtet war die Situation natürlich etwas verrückt. Ich hatte immerhin über ein Dutzend Jahre keinen Kontakt mit dieser Frau gehabt.

Dies scheint mir der geeignete Augenblick zu sein, Ihnen ein Geständnis zu machen, eines, das den Verlauf dieser Geschichte entscheidend beeinflusst hat: Ich bin schon immer zu vertrauensselig gewesen. Ich habe damals nicht etwa gedacht: *He, das ist ja ein äußerst schräges Ansinnen.* Vielmehr war ich mit meinen Gedanken sogleich bei Amanda und dachte nur: Toll, wieder mal von ihr zu hören! Ich kam überhaupt nicht darauf, wie merkwürdig das doch alles war, sondern fand es einfach zu reizend, dass sie mir ein Zwergschwein anbot.

Sie hatte kein Bild dazugestellt, also sollte ich sozusagen die Katze im Sack kaufen. Aber ich benötigte gar kein Foto, um genau zu wissen, dass ich interessiert war. Ich antwortete ganz beiläufig: *Ich muss da ein paar Gegebenheiten klären und melde mich dann.* Es bestand nicht einen einzigen Augenblick lang ein Zweifel daran, dass ich das Schwein haben wollte – es ging bloß noch um die Logistik.

Es ist schon schwierig genug, in der Wohnung, die man mit seinem Partner und einer guten Bekannten und mehreren anderen Haustieren teilt, ein Schwein unterzubringen – und sei es auch nur ein Zwergschwein. Erschwerend kam hinzu, dass ich vor neun Monaten eine fremde Katze mit nach Hause gebracht hatte, ohne vorher mit Derek darüber gesprochen zu haben. Es gab allerhand Scherereien – und die Schuld lag allein bei mir.

Also musste ich den Plan genau durchdenken, damit es so aussah, als hätte ich das keineswegs hinter Dereks Rücken entschieden – obwohl natürlich das hundertprozentige Gegenteil zutraf. Es geschah *definitiv* hinter Dereks Rücken. Ich musste es hinkriegen, dass nicht *ich* das initiiert hatte, sondern dass das mit dem Schwein ganz einfach … *passiert* war.

So, wie es einem eben ganz zufällig passiert, dass man plötzlich ein Schwein hat, nicht wahr?

Ein paar Stunden später erhielt ich eine neue Nachricht von Amanda.

Es gibt noch einen weiteren Interessenten. Es wäre klasse, wenn du sie nimmst, sonst bekommt sie die andere Person.

Ihnen dürfte nicht das Druckmittel entgangen sein, das hier eingesetzt wurde, und normalerweise hätte auch ich den Trick durchschaut – ich betätige mich als Makler, um es noch einmal zu betonen –, aber wenn ich mir etwas in den Kopf gesetzt habe, dann muss ich es unbedingt haben, und mein IQ stürzt ab … um wie viele Punkte? Vermutlich bis hinunter auf null.

Nein, dieses Schwein wollte ich mir nicht entgehen lassen.

Ich weiß nicht, was in mich gefahren war. Ich wusste ja nicht einmal, wie dieses kleine Ferkelchen aussah, aber ich bekam Panik, weil jemand es mir wegnehmen könnte. Ich hatte geglaubt, dass mir mehr Bedenkzeit zur Verfügung stünde, dass ich mich mit der Materie vertraut machen und vielleicht, möglicherweise, wer weiß, sogar mit Derek darüber sprechen könnte. Ich hatte ja nicht geahnt, dass ich schon zwei Stunden später Ja oder Nein sagen müsste. Aber so war es nun mal. Eine neue Nachricht drohte, dieses Schwein jemand anderem zu überlassen. Ohne die Sache also auch nur ansatzweise durchdacht zu haben, teilte ich Amanda mit, ich würde das Schwein nehmen. Ich nannte ihr die Adresse meines Büros in der Stadt, und wir vereinbarten, uns am nächsten Vormittag dort zu treffen.

Ich redete mir ein, dass ich das hauptsächlich getan hatte, um sie davon abzuhalten, weiter mit dem anderen Interessenten zu verhandeln – falls denn ein solcher Interessent existierte. Doch auch auf die Gefahr hin, mich zu wiederholen – solche Dinge lässt man gern außer Acht, wenn man ein so vertrauensseliger Mensch wie ich ist – oft *Volltrottel* genannt.

Nach meiner Zusage war es jetzt wohl naheliegend, ein paar Hausaufgaben zu machen. Ich wusste ja rein gar nichts über Zwergschweine, wusste nicht, was sie fraßen, hatte keine Ahnung, wie groß sie werden konnten. Also unternahm ich eine spätabendliche Internetrecherche. Dabei stieß ich wiederholt auf die Behauptung, dass es ein *Zwergschwein* gar nicht gebe. Ja, ja – da hätten die Alarmglocken schrillen sollen, aber mein grenzenloses Vertrauen und meine plötzliche Besessenheit, ein solches Zwergschwein mein Eigen zu nennen, machten mich blind. Ich kannte diesen Menschen. Ich war mit ihr zur Schule gegangen. Sie hatte mich ja nicht als einen Wildfremden angeschrieben. Wenn Amanda sagte, dass es sich um ein Zwergschwein handelte, dann glaubte ich ihr das, denn warum sollte sie mich belügen?

Diese Behauptungen im Internet schienen aber die einzige Ungereimtheit zu sein. Ansonsten war alles, was ich sah, *supersüß*. Scheinbar würde das Schwein maximal um die dreißig Kilo wiegen, wenn es zu seiner vollen Größe herangewachsen war. Das entsprach ziemlich genau der Größe von Shelby, einem unserer Hunde. Also stellte ich mir vor, dass wir einen weiteren Shelby ins Haus bekämen. Vielleicht einen etwas *kompakteren* Shelby. Das schien doch durchaus vertretbar. Und es war ja auch mal etwas ganz anderes – ein Schwein!

Derek sagte ich, ich müsste zum Schottland-Festival und den Highland Games in Kincardine, zwei Autostunden nördlich. Das Treffen mit Amanda sollte auf dem Weg dorthin in meinem Stadtbüro stattfinden; sobald ich meine rosige Prinzessin erst einmal zu Gesicht bekommen hatte, wollte ich entscheiden, ob ich sie bei uns würde einschleusen können – und alles Weitere auf mich zukommen lassen.

Ich wollte tatsächlich nach Kincardine – dieser Teil der Geschichte stimmt. Die Fahrt war bereits seit zwei Wochen geplant gewesen, und da hatte ich noch gar nichts von dem Schwein gewusst. Erst als das Tier ins Spiel kam, hatte ich meine Pläne geändert, weil ich nun mehr Zeit haben würde, alles einzufädeln. Denn ich wollte Derek weismachen, das Schwein wäre mir auf dem *Rückweg* von Kincardine praktisch vor das Auto gelaufen. Solche Zufälle gab es doch, nicht wahr? Es konnte sogar sein, dass Derek schon mit so etwas rechnete, nachdem wir nun bereits viele Jahre zusammen waren, denn mehr als jeder andere wusste er über meine Tiervernarrtheit Bescheid – und auch, dass ich bisweilen einfach welche mit nach Hause brachte.

Ich bestellte ein Zimmer in einem Hotel, das auf dem Weg nach Kincardine lag. Dort wollte ich meinen Neuerwerb erst einmal einige Stunden lang unterbringen, während ich meine Strategie plante … über ein paar Bieren. Und die Sache mit ein paar Freunden durchsprach. Am Abend würde ich auf das Zimmer zurückkehren und dort gemeinsam mit dem Schwein übernachten. Der nächste Tag würde ganz genauso aussehen wie der vorherige – bis es dann so weit war, mit unserem neuen Haustier und einer perfekt zurechtgelegten Geschichte den Heimweg anzutreten. Ich weiß, dass meine Pläne manchmal komplizierter sind als das Raubkomplott in *Ocean's Eleven.*

Doch nachdem ich Esther (das würde später ihr Name sein) gesehen und sie in meinen Armen gehalten hatte, waren sämtliche Pläne Makulatur.

Aber ich greife vor. Als Amanda in ihrem Wagen vorfuhr, war von einem Schwein zunächst nichts zu sehen, bloß ein Wäschekorb mit einer Flanelldecke darüber auf dem Beifahrersitz. Nachdem wir uns begrüßt hatten, ging ich mit ihr um den Wagen herum. Sie öffnete die Tür und zog die Decke von dem Korb.

Und da war es. Winzig. Schaute zu mir hoch. So unschuldig. Nicht mit Geld zu bezahlen. War das rosa Nagellack auf den kleinen Hufen? Einfach bloß abgeschabter Nagellack? Das arme Ding. Um den Hals trug es ein mit Glitzerpailletten geschmücktes, etwas ausgefranstes schmales Katzenhalsband. Es bot ein Bild des Jammers, und ich dachte: *Wie kann es sein, dass dieses frisch geborene Baby schon so heruntergekommen wirkt?* Aber so liebenswert. Ich wünschte mir nichts mehr, als es zu berühren. Sofort. Doch nicht hier mitten auf der Straße, wo alle uns sehen konnten und es sich vermutlich fürchten würde. Wir zogen die Decke wieder über das Kleine und trugen den Wäschekorb in mein Büro, wo ich das Schweinchen hervorholte und zum ersten Mal in meinen Händen hielt.

Sie war wirklich *winzig* – höchstens zwanzig Zentimeter

von der Nase bis zum Schwanz. Ich konnte sie praktisch in einer Hand wiegen.

Um es ehrlich zu sagen: Berauschend sah das Ferkel gerade nicht aus. Die Ohren waren vollkommen von der Sonne verbrannt. Ich musste bei seinem Anblick an die schreckliche Frau denken, die vor ein paar Jahren in New Jersey vor Gericht gestellt worden war, weil sie ihre sechsjährige Tochter in ein Sonnenstudio geschmuggelt und sie dort gezwungen hatte, sich die Haut so dunkel bräunen zu lassen, wie sie es mit ihrer eigenen gemacht hatte – oder an die ähnlich verunstaltete Blondine aus dem Film *Verrückt nach Mary*. Und doch schloss man das winzige Wesen sofort ins Herz wie einen noch nicht ganz trockenen Welpen. Bisher hatte ich das Ganze für eine *coole* Idee gehalten. Ein Schweinebaby. Doch als ich sie nun vor mir hatte, kam mir bloß ein einziger Gedanke: *Oh mein Gott, nun schau sich doch bloß mal einer an, was sie mit ihr gemacht haben!* Ich konnte ihre kleinen Hüftknochen sehen – und dann diese Ohren! Ich wusste, dass ich diese Ohren einfach haben musste, und ich wusste auch, dass ich hin und weg von diesem Schweinchen war.

Amanda sagte, das Schwein sei sechs Monate alt und bereits sterilisiert. Sie selber habe es gerade mal eine Woche lang bei sich gehabt. Bekommen habe sie es von einem Züchter, der es auf *Kijiji* angeboten hatte, einem Online-Kleinanzeigenportal so ähnlich wie eBay oder Craigslist. Ich beobachtete Amanda genau, wenn sie das Schwein berührte, und hörte sehr genau hin, wenn sie darüber sprach – und merkte rasch, dass von ihrer Seite aus *null* Gefühle für das kleine Tier da waren. Das gab mir eine bittere Pille zu schlucken und machte mir auch richtig Angst. Ich hatte keine Ahnung, was Amanda anstellen könnte, falls ich ihr das Ferkel nicht abnehmen und sie wieder damit losschicken würde.

Also sagte ich Ja.

Aber dadurch änderte sich alles. Und nicht bloß meine gesamten Lebensumstände. Meinen ursprünglichen Plan, wie ich es Derek beibringen wollte – mit dem fein gesponnenen Gewebe aus Lügen und Erfindungen –, konnte ich vergessen. Denn ich war in dieses Schwein verliebt. Ich kannte es zwar gerade erst seit zwölf Minuten, hatte aber doch schon eine instinktive Zuneigung zu ihm entwickelt, und mir war klar, dass ich dieses schutzlose Wesen nicht stundenlang in einem Hotelzimmer einsperren konnte, während ich selber mich auf einem Fest vergnügte. Sie war noch ein kleines Baby. Sie brauchte mich.

Ich strich Kincardine aus meinen Plänen und musste mir nun *zwei* Lügengeschichten für Derek einfallen lassen. Warum war ich nicht nach Kincardine gefahren? Und wieso kam ich stattdessen mit einem *Schwein* zurück? Ursprünglich hatte ich es so hindrehen wollen, dass ich als Held dastand, als edler Retter: *Ich habe dieses Tierchen gerettet! Natürlich* wollte *ich es nicht haben, aber was hätte ich denn tun sollen?* Ich war völlig in meiner Geschichte gefangen … und dann hat mir das Schicksal doch noch ein Bein gestellt.

Ich war davon ausgegangen, dass ich ein paar Tage Zeit haben würde – Zeit, um mich mit einigen Freunden zu beraten, die mir helfen würden, meiner Version der Ereignisse den Feinschliff zu geben –, aber das war nun alles für die Katz, weil ich mich Hals über Kopf in ein Ferkel verliebt hatte. Ich würde Derek noch am gleichen Tag unter die Augen treten müssen und hatte nur ein paar Stunden, um mir eine Erklärung zurechtzulegen.

Jetzt steckte ich richtig im Schlamassel.

Ich rief bei den Freunden an, die mich in Kincardine erwarteten, um ihnen zu sagen, dass ich nicht käme. Als ich ihnen den Grund dafür nannte, fanden sie es alle höchst vergnüglich. Sie wussten genau, dass Derek ausflippen würde, also wollten sie von mir auf dem Laufenden gehalten werden. Ich sollte ein Foto von dem Schwein schicken und ein Foto von Derek, wie er darauf reagierte.

Danach telefonierte ich mit unseren Freunden Erin und Wally. Ich brauchte sie, damit sie auf das Schwein aufpassten, während ich gehetzt für das Festmahl einkaufte, das ich für Derek zaubern wollte, damit er mir nachsah, ein Schwein ins Haus geschleppt zu haben. Ich sagte ihnen natürlich nicht, dass sie »auf ein Schwein aufpassen« sollten; ich glaube, ich habe sie gebeten, »Babysitter für ein Haustier zu sein«, so dass sie keine Ahnung hatten, mit was ich zu ihnen unterwegs war. Bis ich vor ihrer Tür stand und das Schweinchen über den Küchenfußboden trippeln ließ.

Erin blieb glatt die Spucke weg. »Heilige Sch…, Derek wird dich umbringen«, waren, glaube ich, ihre ersten Worte, nachdem sie die Sprache wiedergefunden hatte. Sie und Derek waren auf der High School mal zusammen gewesen, also kannte sie ihn beinahe ebenso gut wie ich.

Nachdem ich meine Einkäufe erledigt hatte, fuhr ich das Schwein abholen. Im Auto saß es neben mir auf dem

Vordersitz und wirkte nervös und etwas verwirrt. Ich gab ihm gute Worte und streichelte es, während wir über die kleinen Nebenstraßen unserem Heim entgegenstrebten. Dort angekommen, brachte ich es ins Haus und schickte die Hunde vor die Tür. Dann saßen wir eine Weile zusammen in der Wohnecke, während ich überlegte, was ich ihm zu fressen geben könnte. In der ganzen Aufregung hatte ich nämlich einen Punkt vollkommen außer Acht gelassen: herauszufinden, womit man Schweine fütterte und dieses Futter dann auch tatsächlich zu *kaufen*. Also gab ich ihm ein paar Salatblätter, etwas Hundefutter und Tomaten – alles, was mir geeignet erschien. Das Grünzeug schien ihm zu munden.

Da das Schwein nun etwas zu sich genommen hatte, machte ich mich daran, ein wenig aufzuräumen und das Essen vorzubereiten. Dann hatte ich die glorreiche Idee, dass es vielleicht das Beste wäre, die mir verbleibende Zeit dazu zu nutzen, das ganze Haus von oben bis unten zu putzen und dann mein schönes Abendessen zu kochen – als liebevolle Geste Derek gegenüber, wenn er nach Hause kam. Die Hunde hielt ich zunächst von dem Ferkel fern, damit das Kleine es sich heimisch machen konnte. Die Katzen verhielten sich, wie man es von ihnen gewohnt war: ein bisschen neugierig, aber letzten Endes doch nicht wirklich interessiert. Als ich das Ferkel schließlich den Hunden vorführte, achtete ich darauf, es gut festzuhalten und die Hunde nicht zu nahe heranzulassen. Shelby und Reuben geraten über ganz kleine Tiere und Kinder immer völlig aus dem Häuschen, also sprangen sie wie verrückt winselnd an mir hoch. Ich ließ sie ein bisschen an ihm schnüffeln und erlaubte ihnen sogar, meine Errungenschaft mit ein paar Zungenschleckern zu begrüßen, ehe ich das Ferkel in unserem Gemeinschaftsbüro am Ende des Flurs verbarg. Mir war klar, dass ich Derek zuerst in eine gute Stimmung versetzen musste, ehe ich ihn mit unserer neuen Hausgenossin konfrontierte. Außerdem sorgte sie unter den anderen Tieren ein wenig für Verwirrung, so dass ich beschloss, sie zunächst unter Verschluss zu halten.

In der immer knapper werdenden Zeit brachte ich so gut wie möglich alles auf Vordermann und bereitete Dereks Lieblingsessen vor: frisch gegrillte Burger mit Käse und Frühstücksspeck und dazu selbst gemachte Knoblauch-Pommes. Dann war alles bereit. Der Wein war eingeschenkt. Ich zündete ein paar Kerzen an, um das festliche Ambiente zu vervollkommnen. Und wartete …

2

Es ging auf halb neun zu, und ich wusste, dass Derek nach einem langen Tag voller Zauberkunststücke müde und erschöpft sein würde, so dass dies wahrscheinlich nicht der geeignetste Augenblick wäre, ihn mit etwas von solcher Tragweite zu überraschen, aber mir blieb ja keine andere Wahl. Ich mochte mir zwar noch so große Mühe geben, um ihm bei seiner Heimkehr ein herzliches Willkommen zu bereiten – allein schon der Umstand, dass ich *zu Hause* war, würde ihn misstrauisch machen. Er vermutete mich schließlich auf dem Festival, also würde er beim Anblick meines Wagens sofort ahnen, dass irgendwas passiert sein musste. Ich war so nervös, dass ich im Haus hin und her lief und dabei die Geschichte, die ich ihm auftischen wollte, immer wieder durchging, während ich mich vergewisserte, dass alle Zimmer nur so blitzten vor Sauberkeit. Ich versuchte, mir jedes denkbare Szenario vorzustellen und mir dann meine entsprechende Reaktion darauf zurechtzulegen. So war es vermutlich beim Schachspiel – man versuchte, den nächsten Zug des Gegners zu erahnen und dann seinen eigenen zu kalkulieren. Taktische Kriegsführung. Deswegen spielte ich auch nie Schach – ganz abgesehen davon, dass Derek ja nicht mein Gegner war, sondern mein *Lebensgefährte*, so dass dieses Spiel nur gewonnen werden konnte, wenn wir beide glücklich waren. Also lief ich weiter umher und stellte mir alle möglichen wundervollen oder schrecklichen Dinge vor, die sich ereignen konnten, bis ich Dereks Wagen in die Auffahrt einbiegen hörte. Und dann holte ich einfach einmal tief Luft.

Als Derek zur Tür hereinkam und sich nach allen Seiten umblickte, ahnte ich schon, dass in seinem Kopf die Alarmglocken läuteten. Zunächst einmal war das Haus *geputzt*. Nicht, dass wir unordentliche Menschen wären; aber es kam halt nicht jeden Tag vor, dass Derek in ein Haus heimkehrte, das aussah, als hätte ein Makler es für den Besuch von Kaufinteressenten hergerichtet. Ich tue mein Bestes, ihm ein guter Partner zu sein und einen Großteil der Hausarbeit zu erledigen, aber Aufräumen und Kochen sind definitiv nicht meine Stärken.

Vor allem Aufräumen nicht. Derek sagt mir nach, dass ich überall, wo ich gehe und stehe, irgendwelche Deckel von Tuben oder Dosen oder Notizzettel oder was auch immer liegen lasse – polizeiliche Tatortermittler hätten ein leichtes Spiel damit, meinen Weg durch das Haus anhand solcher Spuren nachzuverfolgen: *Da hat er seine Mütze abgenommen, dort seine Schlüssel hingelegt; dann hat er sich drüben hingesetzt und eine Dose Bier aufgemacht, während er fernsah.* An diesem Abend jedoch sah unser Haus aufgemöbelt aus wie für den Verkauf, und – ich hatte uns Abendessen gemacht. Was ich sonst *nie* tue. Kochen war üblicherweise komplett Dereks Aufgabe, aus gutem Grund. Bei den seltenen Gelegenheiten, bei denen ich mich als Koch versuchte, lag es immer an einem abgedrehten Rezept, das ich irgendwo gelesen hatte und unbedingt mal ausprobieren wollte. In 99,9 Prozent aller Fälle versagte ich kläglich – es war wie jene tragischen Kochkatastrophen, über die man sich auf YouTube amüsiert. Und doch stand ich nun unschuldig dreinblickend neben dem einzigen Gericht, von dem ich wusste, wie man es zubereitet.

Man hätte mir mein schlechtes Gewissen nicht deutlicher ablesen können.

Derek trug eine bunte Plastiktüte in der einen und einen Transportkäfig für Kaninchen in der anderen Hand. Es dauerte nur Sekunden, bis sein Gesicht seinen spontanen Argwohn verriet. Er ahnte, dass es gleich zu einem kleinen Eklat kommen würde.

»Was läuft hier?«, verlangte er zu wissen. Ich versuchte, ihm nonchalant ein Glas Wein zu reichen – gerade so, als würde nicht sehr bald schon unser gesamtes Leben umgekrempelt werden, und zwar gründlich. Mir schlug das Herz bis zum Hals, während mir sein *Was läuft hier?* durch den Kopf hallte. Ich rang um eine Erwiderung – so viel zu meiner mentalen Vorbereitung auf diesen Moment. Auf eine so vorhersehbare Frage hätte ich natürlich eine schlagfertige Reaktion parat haben müssen, doch mit einem Mal waren alle zurechtgelegten Antworten wie weggewischt aus meinem Gedächtnis.

Der berühmt-berüchtigte Boxer Mike Tyson soll einmal gesagt haben: »Jeder hat einen Plan, bis er was in die Fresse bekommt.« Obwohl ich mich nicht gerade als Fan von Mr Tyson bezeichnen würde, muss ich zugeben, dass ich seinen Ausspruch in diesem Moment sehr gut nachvollziehen konnte. Darauf, dass Derek sofort die Augen zu Schlitzen zusammenziehen und die Stirn runzeln würde, war ich einfach nicht gefasst gewesen, und ich fragte mich auch schon, ob er eventuell mit Erin und Wally gesprochen hatte. Ich hatte ihnen zwar gesagt, sie dürften nichts verraten, aber woher sollte ich wissen, ob sie sich daran halten würden? Was, wenn Erin ihm nun alles erzählt hatte? Ich war mit meinem Latein am Ende.

»Ich hab's mir anders überlegt«, platzte es aus mir heraus. »Ich hatte keine Lust, wegzufahren. Ich war nicht richtig in der Stimmung für den ganzen Trubel.«

»*Ach, tatsächlich*?«, erwiderte Derek, und die leise Andeutung eines Grinsens huschte über sein Gesicht. Er nahm mir das ebenso wenig ab, wie wenn ich ihm damit gekommen wäre, man hätte mir meine eigene Sendung als Fernsehkoch angeboten. (Übrigens gar keine so schlechte Idee – warum nicht mal eine Kochsendung als Sitcom?) Derek wusste, wie gern ich nach Kincardine fuhr. Er wusste, dass ich mich jedes Jahr auf dieses bestimmte Wochenende freute.

Er wusste, dass ich log.

Doch ehe ich fortfahren konnte mit meinem Lügengespinst, auf das ich mich so sorgfältig eingestimmt hatte, fiel Derek etwas ins Auge. Er warf einen Blick den Flur hinunter und sah Shelby und Reuben hinter der Terrassentür unseres Arbeitszimmers im Garten sitzen und durch die Scheibe in den Raum hineinstarren. Diese Terrassentür ist normalerweise nie verriegelt, und die Hunde tollen sonst draußen herum, anstatt sich vor die Tür zu hocken.

Da wusste Derek, dass das, worauf ich ihn so schonend vorzubereiten versuchte, am Ende des Flurs zu finden sein musste. Ich suchte verzweifelt nach den passenden Worten, doch in diesem Augenblick setzte mein Denken komplett aus. Und Derek ist nicht der Typ, der geduldig dasitzt und abwartet, während ich mir einen abbreche, um ihn behutsam gnädig zu stimmen auf das, was ich ihm zu eröffnen habe – wobei ich als Mittel zu beiden Zwecken meistens auch noch mehrere Gläser Wein ins Spiel bringe –, was er hingegen *auf der Stelle* zu erfahren wünscht. Ich stand vor lauter Entsetzen wie erstarrt da, wusste ich doch, dass es nur noch Sekunden dauern konnte, bis er unseren jüngsten Familienzuwachs zu Gesicht bekam.

Derek marschierte entschlossenen Schrittes den Flur hinunter; ich stolperte hinter ihm her, um ihn zurückzuhalten, und musste dabei darauf achten, nichts von meinem Wein zu verschütten.

Er stieß die Tür zum Büroraum auf und blieb wie angewurzelt darin stehen, die eine Hand am Türrahmen und die andere noch auf dem Knauf. Binnen Sekunden huschten die unterschiedlichsten Gemütsregungen über sein Gesicht – nur *Freude* fehlte definitiv. Er drehte sich nicht einmal nach mir um, obwohl er mir bestimmt gerne in die Augen gesehen hätte – ich merkte, wie seine Blicke hin und her schossen, die Situation erfassten, doch die meiste Zeit blieb sein Blick auf das Schwein geheftet, und sein Körper schien sich vor Anspannung zu verkrampfen. Man sah ihm an, dass er erschrocken, entsetzt und wütend zugleich war. Ich hatte geahnt, dass es ihn aufregen würde, aber nicht, *wie sehr*. Innerlich begann ich mich auf sein Geschrei vorzubereiten, das Tier müsse aus dem Haus. Ich war mir nicht sicher, was sich in den kommenden Minuten abspielen würde. In Dereks Familie hatte es schon immer einen Hang zu dramatischen Auftritten gegeben, also konnte es entweder einen Riesenaufriss geben, der damit endete, dass er wutentbrannt aus dem Haus stürzte, oder er würde mir darin beipflichten, wie supertoll so ein Schweinchen doch sei, und ebenso hochbeglückt sein wie ich. (Letzteres wäre zwar ein übertrieben optimistisches Szenario und damit eigentlich völlig unvorstellbar, aber man soll die Hoffnung ja nie aufgeben, nicht wahr?)

»So, so«, konstatierte Derek. »Es ist also ein Schwein in meinem Haus. Nie in meinem Leben hätte ich mit *so etwas* gerechnet.«

Und da war es, das winzige Schwein, und torkelte auf seinen kleinen Füßen umher.

Für unsere neue Hausgenossin war dies natürlich eine gänzlich unvertraute Umgebung, und dementsprechend stand sie ziemlich neben sich. Sooft ich die Tür öffnete, versuchte sie, einen Spurt hinzulegen, aber ihre kleinen Hufe fanden keinen Halt auf dem Fußboden, und sie schlitterte auf der Stelle wie der *Road Runner* aus den Zeichentrickfilmen mit Karl dem Kojoten vor einer Verfolgungsjagd – ein rasender Wirbel winziger Füßchen, die in alle Richtungen strebten. Das hatte ich ein paarmal beobachtet, wenn ich während des Kochens nach ihr schaute. Sie wollte mit ihren kleinen Füßen einen rasanten Start hinlegen, rannte dann eine Sekunde lang auf der Stelle und rutschte zuletzt im Zimmer herum, bis sie einen sicheren Ort gefunden hatte: einen Sessel, den Transportkorb für die Katzen, mein Aktenregal. Aber schon Augenblicke später erschien als Nächstes wieder diese kleine Schnauze, wenn sie aus ihrem Versteck hervorlugte, um den Besucher zu begrüßen. Einfach entzückend.

Ich hoffte bloß, dass es auch Derek nicht entgehen würde, wie viel Entzückendes sich gerade abspielte.

Natürlich dauerte es nur den Bruchteil einer Sekunde, bis ihm aufging, was ich angestellt hatte, warum das Schwein hier war und was ich damit vorhatte – eine weitere Bereicherung unseres trauten Heims. Ein Schwein eben. Man gönnt sich ja sonst nichts.

Und – wie nicht anders zu erwarten – war er sauer. Ehe ich auch nur eine einzige Silbe der Erklärung hervorbringen konnte, hatte er sich bereits mir zugewandt.

»Kommt nicht in Frage. Es kommt überhaupt nicht in Frage, dass wir uns noch ein Tier zulegen, und auf gar keinen Fall können wir so ein beschissenes Schwein hierbehalten. Das Boot ist voll!«

Und dann ging sein Gezeter in Lachen über, als wäre er unvermittelt auf den Trichter gekommen, dass es sich um einen Scherz handeln musste, dass ich mir einen Jux mit ihm erlaubte. Dass ich doch nie im Leben so dämlich sein konnte, das ernst zu meinen.

(Das konnte ich sehr wohl sein. Das dürfen Sie mir glauben.)

Doch dann dämmerte es Derek: *Verdammt, Steve ist wirklich so dämlich.*

»Wir haben vor gerade erst neun Monaten Delores bekommen«, hielt er mir vor, als ob ich das nicht wüsste.

»Soll das jetzt ewig so weitergehen? Bist du mit diesem Schwein schwanger gegangen, seit ich mich endlich wegen der Katze habe breitschlagen lassen?«

Das mochte sich zwar so anhören, als ob er sich jetzt über *mich* lustig machen wollte, aber es war ihm bitterer Ernst. Er schlug die Tür hinter sich zu und verschwand in unserem Schlafzimmer, um sich sein Showkostüm auszuziehen, es auf unser Bett zu schmeißen, eins oder mehrere frische Hemden vom Kleiderbügel zu reißen, Schubladen zuzuknallen. Einer jener dramatischen Auftritte, wie sie für Dereks Familie typisch waren – und zwar ausnahmslos schon seit Generationen.

Ich näherte mich zaghaft der Tür, wollte es versuchen mit dem bewährten »Es wird alles gut, Schatz«, aber er tobte und wetterte weiter, wie verantwortungslos ich gehandelt hätte und was für eine Missachtung seiner Person es sei, ihm so etwas anzutun, ohne ihn wenigstens vorher gefragt zu haben. Dann führte er – korrekterweise – ins Feld, dass keiner von uns wüsste, wie man ein kleines Schwein aufzieht. Ich konnte seiner Tirade nur eines aus echter Überzeugung entgegenhalten: »Sie ist ein Zwergschwein! Sie wird nicht viel größer!«

Das wenigstens war nicht gelogen – soweit ich es zu diesem Zeitpunkt beurteilen konnte.

Derek war kein bisschen glücklicher mit der Situation, als er am nächsten Morgen aufwachte. Er weigerte sich, das Schwein auch nur anzuschauen, es einmal hochzuheben, überhaupt irgendwas mit ihm zu tun zu haben. Zwei Tage dauerte es, bis er es mit Mühe über sich brachte, es zu berühren, einfach weil ich es ihm in die Arme gedrückt hatte. Er stieß Drohungen aus: »Ich oder das Schwein.« Das meinte er natürlich nicht ernst; er schwor stets Stein und Bein, dass er mich nie verlassen würde, und das glaube ich ihm aufs Wort. Es war bloß eine Einschüchterungstaktik. Jedenfalls kam er damit bei mir nicht weiter. Aber die Stimmung blieb natürlich geladen – um es freundlich auszudrücken.

Ich wusste ja, dass ich Mist gebaut hatte, also bemühte ich mich, gute Laune zu verbreiten, alles positiv zu sehen und mich ansonsten tadellos zu benehmen. Sobald eine neue Konfliktsituation drohte – und das konnte jeden Augenblick der Fall sein, da will ich mir gar nichts vormachen –, gab ich mich heiter und unbeschwert und versuchte Derek zu überzeugen, dass alles prima im Lot sei. Mein inneres wie auch nach außen getragenes Mantra in jenen Tagen lautete »Es ist schon okay« oder »Es wird alles prima« – je nachdem, ob ich wieder einmal versuchte, Derek zu überreden, das Schwein zu behalten, oder ob ich mich selber zu überzeugen versuchte, dass das alles ein gutes Ende finden würde.

Davon wollte Derek noch immer nichts wissen, und meine Hoffnung, dass er doch eines Tages darauf käme, was für eine tolle Idee ein Hausschwein wäre, schwand mit jedem Tag. Es war nicht einfach nur so, dass er eine Stinkwut auf mich hatte – nein, etwas wie dies hier hatte es zwischen uns bisher nie gegeben. Sein Zorn schwelte in ihm weiter. Ich hatte mir den Verlauf der Dinge ursprünglich anders vorgestellt – er würde anfangs zwar *ein bisschen* sauer auf mich sein, sich aber dann ebenfalls in das Schwein verlieben. Doch es lief leider alles anders als erhofft. Ich wusste, dass ich hoch gepokert hatte, aber ich hätte es nie für möglich gehalten, dass er auch nur annähernd so wütend sein würde, wie er es jetzt war. So verstimmt hatte ich ihn noch nie erlebt, und ich befürchtete langsam, dass er mich tatsächlich nötigen würde, das Schwein wieder abzuschaffen, ohne ihm je eine Chance gegeben zu haben. Ich steigerte mich in die Vorstellung hinein, wie meine Reaktion ausfallen würde, wenn er unser kleines Schwein in die kalte, herzlose Welt hinausjagte, und dabei entwickelte ich unwillkürlich immer schlimmer werdende Szenarien.

Doch am schlimmsten war für mich der Vorwurf, den Derek zu wiederholen nicht müde wurde: »Es geht gar nicht um ›das Schwein‹, es geht darum, wie du alles eingefädelt und dass du es hinter meinem Rücken getan hast.« Das war die übliche Trotzreaktion à la »Ich bin ja gar nicht sauer auf dich, ich bin nur tief enttäuscht von dir« – bloß mit dem Unterschied, dass Derek tatsächlich sauer und enttäuscht gleichzeitig war und auch noch alles Recht der Welt auf solche Gefühle hatte. Es war echt hart. Ich wusste, dass ich einen Fehler gemacht hatte, und fühlte mich wirklich wie ein Lump, aber ich versuchte, doch wenigstens den Schimmer einer Hoffnung zu bewahren, dass ich die Dinge wieder ins Reine bringen könnte. Ich liebte Derek und ich liebte unser gemeinsames Leben, und ich glaubte fest daran, dass sich sein Herz erweichen würde, sobald er erst einmal den Schock und den Ärger, derart von mir getäuscht worden zu sein, überwunden hatte.

Und dann, es war vielleicht gerade eine Woche oder so vergangen und es herrschte immer noch Stress und Zank, war Derek plötzlich verliebt. Hals über Kopf. Und ausgerechnet in ein Schwein. Er führte sich genauso auf wie jeder andere, der ein neues Haustier bekommt.

Damals, als ich Derek mit Delores überfallen hatte, hatte er sich zunächst geweigert, ihr einen »richtigen« Namen zu geben. Auf ähnliche Weise nannte er das Schwein erst einmal »das Kijiji«. Warum sollte er sich auch einen Namen für ein Tier einfallen lassen, das wir eh nicht behalten würden? (Jedenfalls glaubte er das.) Nach zwei Wochen gab er es auf, und wir suchten einen endgültigen Namen für unsere neue Mitbewohnerin. Ich weiß nicht mehr, wie wir darauf gekommen sind, aber wir wollten einen Namen, der einer weisen alten Frau angemessen wäre, und da bot sich »Esther« an. Und da das Ferkel sofort darauf reagierte, blieb es dabei.

Ich hatte von Anfang an gewusst, dass Derek auf Esther fliegen würde. Er klopft gern große Sprüche, aber im Grunde ist er ein weicher Typ. Und wer könnte sich auch Esthers Charme entziehen, dem Charme dieses gerade mal zwei Pfund schweren Wesens mit dem wiegenden Wackelgang, von dem wir allerdings bereits ahnten, dass es sich eines Tages zu einer enormen Persönlichkeit entwickeln würde. Zum Glück war sie ja ein Zwergschwein und würde bestimmt nicht enorm groß werden.

Zumindest glaubten wir das. Mannomann, wie naiv wir waren!

Okay, *ich* war naiv gewesen.

Doch im Nachhinein betrachtet bin ich froh, dass wir es nicht gewusst haben. Wir hätten sie wohl kaum behalten, wenn uns klar gewesen wäre, worauf wir uns da einließen. Das fing schon damit an, dass wir uns einer Aufgabe verschrieben, für die es keinerlei Handreichung gab. In der beliebten Ratgeberreihe, die sich an »Dummies« auf allen Gebieten wendet, würde man im Buchladen an der Ecke keine Ausgabe über die *Aufzucht von Nutztieren in der Wohnung* finden, denn ein solcher Band existiert nicht. Und das aus gutem Grund. Es ist nicht so einfach zu verklickern, was es bedeutet, sich ein Schwein als Haustier zu halten – man kann es schlichtweg nicht mit einem »normalen« Tier vergleichen, und schon gar nicht damit, ein Kind großzuziehen. Wir hatten ja keine Vorstellung von den Schwierigkeiten, ein Haus »schweinesicher« zu machen (Schweine haben viel mehr Tricks drauf, als man ihnen gemeinhin zutraut) oder auch von den Problemen, jemandem ein Schwein aufs Auge zu drücken, wenn wir verreisen wollten. Wie einfach ist es dagegen, jemanden zu bitten, jeden Tag nach den Katzen zu sehen oder die Hunde in einer Tierpension unterzubringen. Auf eine Auswahl von Tagesstätten für kleine Schweinchen hingegen kann man im Fall der Fälle nicht zurückgreifen. Und von persönlichen Eigenarten und Stimmungsschwankungen bei Schweinen wollen wir lieber gar nicht erst anfangen – vor allem nicht bei Säuen und an ganz bestimmten Tagen!

Hätte mir jemand im Vorwege all die kommenden Veränderungen in unserem Leben beschrieben, würde ich möglicherweise resignierend die Arme in die Luft geworfen und »vergiss es!« gerufen haben. Doch nun hatte Esther uns in ihren Bann gezogen. Wir verliebten uns mit jedem Tag immer mehr in sie, und sooft sich mit ihr ein Problem ergab, suchten und fanden wir entweder eine

Lösung oder eine Rechtfertigung für die Umstände, an denen wir nichts ändern konnten, und machten unverdrossen weiter. Nachdem wir ihr erst einmal zu Füßen lagen, war es entschieden: Esther war Teil unserer großen Familie.

Die endgültige Entscheidung darüber kam auf drollige Weise zustande. Wir saßen eines Tages beim Abendessen, als Derek aus heiterem Himmel ein paar Dinge zur Sprache brachte, die bei unseren Diskussionen über das Für und Wider eines Schweins im Haus bislang noch in weiter Ferne gelegen hatten: »Wo werden wir ihren Mist los? Wo sollen wir ihren Stall bauen?« Das klang ja schon nach sehr konkreten Plänen. Man baut schließlich keinen Stall für jemanden, den man schnellstens wieder loswerden will.

Da erstrahlte ich innerlich, denn nun wusste ich, dass ich Derek *mit im Boot* hatte. »Also behalten wir sie?«, fragte ich und setzte dabei ein breites, dümmliches Lächeln auf. Aber ich hatte meine Antwort längst bekommen, und ich war außer mir vor Glück.

Auch, als wir alle noch glaubten, dass es sich bei Esther um ein Zwergschwein handelte, waren unsere Eltern angesichts dieser Entwicklung doch ein wenig irritiert. Dereks Eltern hatten sich gerade damit abgefunden, dass wir beide ein Paar waren, und nun sollte seine aus Jägern und Farmern bestehende Familie auch noch gutheißen, dass wir mit einem Schwein zusammenlebten? Als Haustier?

Sie hielten uns für übergeschnappt. Schweine sind zum Schlachten da! Schweine sind schmutzig! Was gar nicht stimmt: Esther ist eigentlich gar nicht schmutzig; sie hat sogar einen erstaunlich angenehmen Körpergeruch.

Sie versuchten ja nur, uns zu helfen, aber sie begriffen die Situation nicht. Wir bekamen von Dereks Angehörigen Dinge zu hören wie: *Großmutter kann es nicht glauben, dass ihr ein Schwein habt* oder *Großvater wird sich im Grabe umdrehen, wenn ihr euch ein Schwein im Haus haltet.*

Das tat anfangs weh. Das Leben ist schon schwierig genug, ohne dass man sich darüber Gedanken machen muss, ob die eigene Familie hinter einem steht. Ich habe mir wirklich große Mühe gegeben, von Dereks Eltern akzeptiert zu werden, und ich weiß, dass ihr Wohlwollen ihm viel bedeutet – ob er es sich nun anmerken lässt oder nicht. Mehr als einmal habe ich versucht, mit Derek darüber zu sprechen, ihn dazu zu bewegen, sich einen Stoß zu geben und vor ihnen offensiv für das, was wir taten, einzutreten. Aber es ist nie dazu gekommen. Andererseits hat Dereks Familie uns aber auch viel Verständnis entgegengebracht, indem sie so manches akzeptierten, was für sie schwer zu schlucken war – unser Schwulsein zum Beispiel –, und darum sagte ich mir nun, dass sie einfach etwas mehr Zeit brauchen würden, bis auch das Schwein ihre Billigung fand. Dabei konnte ich es ihnen nicht einmal verdenken, dass sie uns für verrückt hielten. Also sollten sie doch reden, was sie wollten. Wir wussten, dass auch sie irgendwann einlenken würden.

Während Dereks Eltern einigermaßen entsetzt waren,

ging meine Mutter vergleichsweise locker damit um. Nachdem sie jahrelang mitangesehen hatte, wie ihr Sohn sich in jedes Tier auf Gottes weiter Erde verliebte, konnte es sie kaum mehr überraschen, dass es eines Tages ein Schwein traf.

Auf einer Sache bestand Derek allerdings: Weil ich es gewesen war, der uns Esther ins Haus geschleppt hatte – zugegebenermaßen auch noch, ohne vorher mit ihm darüber geredet zu haben –, würde ich den Großteil der Verantwortung für sie übernehmen. Er selber hätte genug damit zu tun, die Hunde auszuführen und hinter ihnen (und hinter mir) herzuräumen.

Wir saßen in unserer Wohnküche und überlegten gerade, was wir zu Abend essen wollten, als Esther uns plötzlich einen liebevollen Blick zuwarf und auf den Fußboden pisste. Natürlich bekam ich gleich ein schlechtes Gewissen; ich wusste zwar, dass sie das nicht aus Bosheit getan hatte – und Derek wusste das auch –, aber es war doch eine ziemliche Schweinerei.

»Darum wirst du dich jetzt wohl kümmern müssen«, bemerkte Derek. Und das hatte ich selbstverständlich vor, bloß war ich nicht sofort aufgesprungen – es lag wohl daran, dass es für mich völlig unvorbereitet gekommen war.

»Wird erledigt«, sagte ich, schnappte mir die Küchenrolle und wischte alles auf.

»Ich meinte, nicht nur jetzt und hier«, erklärte Derek. »Du hast sie ohne Absprache hergebracht, und wenn wir sie behalten wollen, übernimmst du für sie die Verantwortung.«

»Schon kapiert«, erwiderte ich und wies ihn durch Gesten auf die Tatsache hin, dass ich bereits auf dem Boden kniete. »Bin soeben dabei, die Verantwortung zu übernehmen.«

»Du gehst mit ihr raus, du machst hinter ihr sauber, du fütterst sie.«

Ich kam mir vor wie ein Kind – wie damals, als ich gerade mein erstes Hündchen bekommen hatte und mein Vater mir die Bedingungen einschärfte, dass es nämlich sein könne, dass mir der Hund wieder fortgenommen würde, falls ich kein braver Junge war. Andererseits lag darin aber das Versprechen, den Hund behalten zu dürfen, *wenn* ich ein braver Junge war.

»Einverstanden!«, sagte ich mit einem strahlenden Lächeln.

»Einverstanden«, sagte auch er. Danach war ich eine ganze Weile lang Esthers Kindermädchen und fand das völlig in Ordnung. Wenn es nicht mehr brauchte als das, damit wir Esther behielten, fügte ich mich gerne. Ich würde mit ihrem Schweinkram schon fertigwerden. Und ich konnte stolz auf mich selber sein.

Doch obwohl Esther noch klein war, bekam man sie nicht so leicht stubenrein, und wir verbrauchten bald eine Tonne Küchenpapier pro Tag. Ich war nicht um Ideen verlegen, was die Schadensbegrenzung betraf – zuerst entdeckte ich im Internet (natürlich bei Kijiji, wo denn sonst) einen gebrauchten Babyspielstall und kaufte ihn. Das funktionierte ungefähr eine Woche; dann war die Einlage völlig mit Urin durchtränkt. Daraufhin packte ich sie in einen großen Weidenkorb – mitsamt einem Katzenklo und ein paar Decken, damit sie es weich hatte. Den Boden des Korbs bedeckte eine Plastikmatte, so dass er leichter zu säubern war. Ich versuchte, der Schweinereien Herr zu werden, ehe Derek sie zu Gesicht bekam, und verbarg sie diskret ganz unten in der Mülltonne, damit der Eindruck gewahrt blieb, ich hätte alles unter Kontrolle. Ich wollte Derek beweisen, wie unglaublich einfach und problemlos man sich ein Schweinchen halten konnte. Erst, als uns bewusst wurde, dass wir mit unserem Papierrollenkonsum drauf und dran waren, einen ganzen Regenwald abzuholzen, stellten wir auf wiederverwendbare, waschbare Küchentücher um, die eine kostengünstigere und viel umweltfreundlichere Alternative boten.

Weil für Esther ja nun ich die Verantwortung trug, ging ich auch zum ersten Mal mit ihr zum Tierarzt. Bei meinen Onlinerecherchen betreffs der Möglichkeiten, ein Schwein stubenrein zu bekommen, war ich auf eine Züchterin in Orangeville gestoßen, einer kleinen Stadt etwa eine Stunde nordöstlich von Georgetown. Ich ließ mir eine Weile lang alle möglichen Methoden vortragen, hatte aber bei jeder einzelnen das Gefühl, dass wir sie bereits probiert und keinen Erfolg damit gehabt hatten. Nach dem, was ich ihr über Esther erzählt hatte, meinte die Züchterin außerdem, dass Esther möglicherweise Nierensteine hätte, worunter Schweine offenbar ziemlich häufig leiden. Sie verwies mich an einen Tierarzt in Caledon, ein Stückchen weiter südlich. Der Mann habe viel Erfahrung mit Zwergschweinen – oder zumindest mehr als unser Tierarzt, zu dem wir bisher immer gegangen waren. Mir war klar, dass es natürlich einen Unterschied zwischen Katzen und Hunden *und Schweinen* gab, also wollte ich einen Fachmann konsultieren.

Ich packte Esther zurück in die Katzenbox und fuhr los. In der Transportkiste konnte sie niemand sehen, also ging alles sehr diskret ab. Niemand ahnte etwas von ihr. Ich weiß nicht, wer sich für sie interessiert hätte oder warum ich so ein Geheimnis aus ihr machte – wahrscheinlich wollte ich nur nicht auffallen. Ich stellte sie in die Mitte der Rücksitzbank, damit ich sie die ganze Zeit über im Auge behalten konnte, und da war ihr kleines Gesicht, mit dem sie meinen Blick erwiderte. Ihr schien unsere Tour zu gefallen. Auch ich selber war ziemlich aufgeregt auf dieser ersten Fahrt zum Tierarzt. Ich hörte schon fast, wie er zu mir sagte: »Jawohl, sie hat Nierensteine. Das werden wir gleich behandeln, und dann sind Sie die Pinkelprobleme los.« So einfach stellte ich mir das vor. Aber so bin ich an diesen Tag herangegangen: voller grenzenlosem Optimismus. *Die ganze Pissorgie war bloß eine vorübergehende Unpässlichkeit. Mein Zwergschwein wird kuriert und dann fast überhaupt nicht mehr irgendwo hinpinkeln.*

Esther war damals ja noch ganz klein, doch sowie der Tierarzt einen Blick auf sie geworfen hatte, neigte er skeptisch den Kopf und sah mich fragend an.

»Was wissen Sie über dieses Schwein?«

Nanu? Die Frage ließ nicht unbedingt Gutes ahnen.

Ich erzählte dem Arzt Esthers Geschichte – oder zumindest die Geschichte, die mir über sie erzählt worden war.

»Na schön. Ich sehe da allerdings gleich ein Problem. Schauen Sie sich mal ihren Schwanz an.«

Ich sah ihren Schwanz an. Ich wusste nicht, was mir daran auffallen sollte. Ich hatte mich noch nie mit Schweineschwänzen befasst. Trotzdem tat ich so, als würde ich ihn genau unter die Lupe nehmen.

»Der Schwanz ist kupiert worden«, sagte der Arzt.

»Sieht er deshalb ein bisschen stummelig aus?«, fragte ich.

»Genau«, sagte er. »Bei einem Hausschwein – also einem Schwein von voller Größe – lassen die Besitzer den Ringelschwanz üblicherweise ein gutes Stück weit abschneiden. Dies minimiert Schwanzbeißattacken, ein neurotisches Verhalten, zu dem die Tiere neigen, wenn sie auf Zuchtfarmen auf engstem Raum eingepfercht gehalten werden.«

Nun, das hörte sich ja alles ganz furchtbar an, aber ich begriff nicht recht, was es mit Esther zu tun hatte oder warum irgendein Scheusal ihr das Schwänzchen gekürzt hatte. Ich kapierte nicht, worauf er hinauswollte. Dieser Tierarzt sprach irgendwie in Rätseln … so dass die Wahrheit unausgesprochen in der Luft hing.

»Falls die Geschichte, die Ihre Freundin Ihnen erzählt hat, stimmt – dass Ihre Esther wirklich sechs Monate alt ist –, könnte es sein, dass sie ein *Kümmerling* ist. Das kleinste Ferkel eines Wurfs, das meistens kränkelt.«

Das haute mich fast um.

»Glauben Sie etwa, dass sie mich *angelogen* hat?«, fragte ich und versuchte, die möglichen Hintergründe dieser potenziellen Täuschung zu durchblicken. »Ich kenne diese Frau.«

»Ich aber nicht. Also könnte es sehr wohl sein, dass Sie einen Kümmerling abgekriegt haben –«

Bitte nennen Sie mein kleines Mädchen doch nicht dauernd einen Kümmerling, dachte ich …

»– und sich mein Verdacht als unbegründet erweist. Dann könnte Ihr Schwein voll ausgewachsen gut und gerne dreißig Kilo auf die Waage bringen.«

»Okay«, sagte ich – womit ich ausdrücken wollte, dass ich mit so etwas gerechnet hatte. Das war nichts Neues.

»Falls aber nicht«, fuhr der Arzt fort, »sollten wir uns erst mit der Frage beschäftigen, wenn sie sich akut stellt.«

Der Doktor erklärte mir, dass wir uns nur Gewissheit verschaffen konnten, indem er Esther wiegen und ausmessen würde und wir dann eine Tabelle ihres weiteren Wachstums anlegten. Schweine, sagte er, hätten ein ganz artenspezifisches Wachstumstempo, so dass es ihm möglich wäre, Esthers Entwicklung mit der bei Schweinen üblichen zu vergleichen und dabei zu sehen, wie sie im Vergleich abschnitt. Das gäbe uns eine präzisere Vorstellung von ihrem eigentlichen Alter, und wir könnten ihr Werden und Gedeihen genauer verfolgen.

Über die folgenden Monate lernten wir Esther immer besser kennen und banden sie möglichst weit in unseren Alltag mit ein. Dass wir nun ein Ferkel im Hause hatten, erschien uns beiden nach wie vor als ein kleines Wunder. Leute kamen extra zu Besuch, um sie zu sehen, und wir amüsierten uns dann darüber, wie sie umhertrippelte oder sich in einer ihrer diversen Haltungen schlafen legte. Ihre bevorzugte Position war dabei, dass sie ihre Füße und die Nase in eines der Auslassgitter der Fußbodenheizung steckte, wobei sie die Schutzabdeckung einfach herausstieß und sich dann auf die Öffnung fläzte.

Abends unternahmen wir mit ihr und den Hunden eine späte Gassirunde. Zu dieser Zeit war sie noch kleiner als Shelby und Reuben, so dass sie anderen Spaziergängern neben den beiden selten auffiel – sofern man nicht allzu genau hinsah. Aber manche Passanten bemerkten es eben doch, dass wir ein Schwein ausführten, und sie blieben dann bisweilen stehen, um uns Fragen zu stellen. Meistens schafften wir es zurück nach Hause, ohne sonderlich beachtet worden zu sein. Trotzdem erwiesen sich diese Ausflüge als Herausforderung, denn Esther wollte unbedingt den Grasstreifen neben dem Gehweg aufwühlen – etwas, was unsere Hunde nie taten, weil ihnen das Bedürfnis danach einfach nicht angeboren war. Der sich daraus ergebende Lernprozess brachte zwar allerhand Gezerre an der Leine mit sich, war aber letzten Endes von Erfolg gekrönt. Wir gewöhnten es ihr ab. Wir unternahmen als Familie unsere Spaziergänge und hatten alles im Griff.

Bei unserem nächsten Tierarztbesuch musste ich vor mir selber eingestehen, dass Esther *erschreckend schnell* größer geworden war. Während der kurzen Zeitspanne dazwischen hatte sie es auf fast fünfunddreißig Kilo gebracht und damit die dreißig Kilo, die ursprünglich als ihr späteres Maximalgewicht galten, bereits hinter sich gelassen.

Wir hatten uns bemüht, Esthers Unterlagen von ihren früheren Tierarztbesuchen zu erhalten – schon um sicherzugehen, dass sie tatsächlich sterilisiert worden war –, aber bei Amanda herrschte Funkstille. Esther hatte immerhin eine Narbe am Bauch, die auf einen solchen Eingriff hinweisen mochte. Ich versuchte noch einmal, mit Amanda in Verbindung zu treten, denn wir hatten akuten Anlass, uns um Esthers Gesundheit Sorgen zu machen: Falls sie nämlich nicht sterilisiert worden war, konnte es sein, dass sie in ihrem späteren Leben zu Tumoren neigen würde. Amanda reagierte wiederum nicht, was uns zu denken hätte geben sollen.

Im Nachhinein betrachtet zeigte Amandas fortgesetztes Ignorieren meiner Textnachrichten und E-Mails natürlich ziemlich deutlich, dass sie gemerkt hatte, dass ich ihr auf die Schliche gekommen war. Reingelegt.

In meinen wiederholten Anfragen hatte ich nie durchscheinen lassen, dass wir sauer auf sie wären oder so etwas, mich lediglich nach Esthers Züchter erkundigt und um Bestätigung dafür gebeten, dass Esther sterilisiert war. Ich versuchte, mir meinen Optimismus zu bewahren, mochte immer noch nicht ernsthaft glauben, dass Esther ein ganz normales Nutzschwein war, doch tief in meinem Inneren war ich überzeugt davon, dass hier irgendwas nicht stimmte. Derek gegenüber spielte ich meinen Argwohn wohlweislich herunter, aber in meinem Kopf rotierten die Rädchen: Wieso war Amanda so leicht zu erreichen gewesen, bevor ich Esther von ihr übernommen hatte, und wieso war sie jetzt … abgetaucht?

Ohne eine Antwort von Amanda blieben uns zwei Möglichkeiten. Esther aufzuschneiden erschien mir als zu riskant. Ein Eingriff bei einem Schwein ist immer eine schwierige Sache, weil Schweine nicht gut auf Anästhetika reagieren. Außerdem wäre der Eingriff eventuell nur ein Schuss ins Blaue, und wer würde sein kleines Ferkel schon für nichts und wieder nichts aufschneiden lassen? Die Alternative war, darauf zu warten, dass sie mit dem Älterwerden in Brunst käme, was eine weitere Herausforderung mit sich brächte, denn der Rauschezyklus, wie man es bei Schweinen nennt, beträgt bei nicht sterilisierten Säuen drei bis vier Wochen, und die Tiere können während der Dauer der Rausche ausgesprochen aggressiv reagieren. Wenn wir also abwarteten, könnte sie uns tatsächlich gefährlich werden, und wenn es erst einmal so weit war, würde sich ein Eingriff wiederum *noch gefährlicher* gestalten, denn Schweine entwickeln mit dem Älterwerden ja ein Fettpolster, so dass sich das Risiko erhöht, beim Schnitt eine Arterie oder eine Vene zu treffen. Esther wäre unter Umständen verblutet, bevor es gelang, die Quelle der Blutung zu finden.

Jede Art von Beschluss hieß, ein Wagnis einzugehen. Es war eine enorm schwere Entscheidung, mit der wir lange zu kämpfen hatten. Zu diesem Zeitpunkt waren Derek und ich schon völlig verliebt in Esther. Ich hatte sie ja von unserer ersten Begegnung an ins Herz geschlossen, und inzwischen war diese Liebe noch inniger geworden und bedeutete mir immer mehr. Esther war ein vollwertiges Mitglied unserer Familie – *auch* für Derek. Er mochte zwar ab und zu eine strenge Miene aufsetzen, aber er liebte sie so sehr wie ich.

Schließlich entschieden wir uns gegen den Eingriff – und fragen uns bis heute, ob wir richtig gehandelt haben.

Doch über all dem durften wir uns nicht von dem

eigentlichen Problem ablenken lassen, vor das wir noch gestellt werden konnten.

Falls Esther nämlich tatsächlich ein halbes Jahr alt gewesen war, als wir sie bekamen, und es sich bei ihr tatsächlich um einen so genannten Kümmerling handelte, war dennoch nicht auszuschließen, dass sie bis zu zweihundertfünfzig Pfund schwer werden konnte.

Und das war noch das *Im-besten-Fall*-Szenario.

Das andere Szenario besagte, dass Esther *kein* sechs Monate alter Kümmerling gewesen war, als wir sie bekamen. (Schon gut – als *ich* sie bekam.) In Wirklichkeit könnte es sich so verhalten haben, dass wir sie als sechs *Wochen* alten Frischling adoptiert hatten und sie keineswegs von schwacher Konstitution, sondern vielmehr auf dem besten Wege war, ein voll ausgewachsenes Hausschwein zu werden. Und bei dem Tempo, in dem sie größer wurde, war überhaupt nicht absehbar, wie groß sie wirklich würde.

Ich befand mich immer noch in der Tierarztpraxis und versuchte gerade, diese verstörenden Neuigkeiten zu verdauen. Es lief nach und nach alles darauf hinaus, dass ich mir wahrscheinlich ein ganz normales Hausschwein hatte andrehen lassen – und das konnte riesengroß werden. Sicher, ich hatte Esther bloß aufgrund der von Amanda vorgespiegelten falschen Tatsachen adoptiert, doch das war mir nur ein schwacher Trost.

Im Wartezimmer googelte ich auf meinem Smartphone Bilder von Schweinen. Ich wollte wissen, wie so eine zweihundertfünfzig Pfund schwere Sau aussah. Ich vermochte mir nicht einmal die Größe vorzustellen. Als Mensch würde sie ja gewaltig sein. Beruhigenderweise stellte ich fest, dass Schweine viel kompakter gebaut sind. Doch wie man es auch betrachten mochte: Zweihundertfünfzig Pfund ergaben trotzdem ein recht stattliches Haustier. Und ich versuchte immer noch, mich mit der Tatsache vertraut zu machen, dass sie eventuell doch nicht sterilisiert war und von nun an Monat für Monat eine Woche lang ihre Aggressionen ausleben würde. Musste ich mich damit abfinden, dass es uns blühen konnte, einen übel gelaunten Bulldozer in unserem bescheidenen Heim mit seinen etwas über neunzig Quadratmetern Wohnfläche herumfuhrwerken zu haben? Mir drehte sich der Magen um, denn wie sollte ich Derek das alles beibringen? Jetzt hatte er sich endlich mit meiner jüngsten »Spontanadoption«, nämlich einem Schwein, abgefunden – aber er konnte ja noch nicht ahnen, dass dieses Schwein später womöglich mehr Raum einnahm als ein Mensch. Und schon gar nicht mehr als wir beide *zusammen*, wie sich herausstellte.

Hätten wir doch den Reaktionen anderer Leute mehr Beachtung geschenkt. Es scheint völlig an uns abgeprallt zu sein, wenn Besucher Esther zu Gesicht bekamen und spontan ausriefen: »Heiliger Bimbam, ist die gewaltig!«

Denn wir sahen sie ja jeden Tag, so dass es uns gar nicht auffiel. Wie man es selber gar nicht merkt, dass man zunehmend fetter wird. (Oder die Ehefrau – aber dann ist es zumindest besser, wenn man *so tut*, als würde man es nicht bemerken.) Nein, es ist ehrlich an uns vorübergegangen, denn es war alles noch neu für uns. Dabei fällt mir ein, dass Michelle, eine meiner besten Freundinnen,

Esther immer »Boss Hogg« nannte – nach der fetten Figur aus der Fernsehserie *Ein Duke kommt selten allein.* Vielleicht haben wir uns gegenseitig versichert, dass es nie und nimmer *sein konnte*, dass aus unserem kleinen Schweinchen eines Tages eine fette Sau wird. Man muss sich etwas nur lange genug einreden, dann glaubt man irgendwann daran.

All diese Dinge gingen mir durch den Kopf, als ich mit Esther vom Tierarzt nach Hause fuhr. Mir war klar, dass Derek und ich einiges zu besprechen hatten.

In solchen Fällen versuche ich Derek zunächst weiszumachen, dass alles doch nur halb so schlimm wäre. Die wahre Tragweite der Katastrophe erfährt er erst, wenn es unbedingt sein muss. Und ich wusste, dass er in puncto Esther noch nicht so weit war, die Wahrheit zu hören. Und wenn das jetzt so klingt, als sei ich in diesem Punkt ein kleiner Schisser, dann bitte – *schuldig im Sinne der Anklage.*

In dem Bemühen, den Schlag, der Derek vermutlich bald treffen würde, abzumildern, oder um wenigstens seine Sinne etwas zu betäuben, hielt ich auf der Rückfahrt bei einem Schnapsladen und kaufte seinen Lieblingswein, einen Shiraz. Dann saßen wir zusammen auf dem Sofa. Esther lag zwischen uns, den Kopf auf ein Kissen gebettet. Ich schilderte Derek offen und ehrlich die Bedenken, die der Tierarzt bezüglich Esthers Sterilisation geäußert hatte, und wir besprachen die denkbaren Konsequenzen. Diesen Moment der Übereinstimmung nutzte ich, um zu Esthers Wachstum überzuleiten.

»Ach, da ist ja noch etwas«, begann ich. »Der Doktor

erwähnte, dass Esther ein bisschen größer werden könnte, als wir gedacht haben.«

Derek zog eine Augenbraue in die Höhe, sagte aber nichts. Ich setzte zu einer weitschweifigen Erläuterung an, um die Wahrheit schönzureden.

»Es besteht die Möglichkeit, dass sie unter Umständen doch kein Zwergschwein ist.«

»Wie groß ist diese *Möglichkeit*?«, hakte er nach.

»Nun, es kann durchaus sein, dass sie noch etwas größer wird, denn – was ich sagen will – sie ist ja inzwischen ein Stück größer, als wir es erwartet haben, sobald sie ausgewachsen ist.«

Derek sah Esther an, betrachtete ihre recht beachtlichen Ausmaße. »Sie ist also … größer, als sie eigentlich sein sollte.«

»Also«, fügte ich rasch hinzu, »wollte ich vollkommen aufrichtig zu dir sein.«

Ich weiß, ich weiß.

»Wie schwer wird sie?«, insistierte er.

»Hundert Pfund, vielleicht hundertzwanzig … nicht viel mehr.«

Er seufzte und ließ die Schultern ein wenig sinken. Er wirkte nicht wütend; eher besorgt. Ich griff nach jedem Strohhalm, und das merkte er. Dies war wieder meine übliche *Es wird alles gut* – Beschwichtigungstaktik, aber aus Dereks Gesichtsausdruck war nur ein Satz herauszulesen: *Ich hab's dir ja gleich gesagt.*

Und genau in diesem Moment hob Esther den Kopf, legte ihn auf Dereks Bein und sah mit ihren lieben Augen zu ihm hoch. Es war ein perfektes Timing, wie es vielleicht ein Mal unter Tausenden hinhaut. *Gut gemacht, Esther!*

Derek musste selber über die Situation lachen und schüttelte bloß den Kopf – wohingegen ich erwartet hätte, dass er an die Decke gehen würde. Und wer hätte ihm das verdenken können? Ich bin immer noch heilfroh, dass er so wunderbar die Fassung bewahrt hat. Es war zwar nicht zu übersehen, dass er ein wenig besorgt dreinblickte, aber er ließ Gnade vor Recht ergehen, obwohl ich eher ein höllisches Donnerwetter verdient gehabt hätte. Das blieb aus, weil er inzwischen ebenfalls in Esther vernarrt war. Er wusste, dass wir sie nicht einfach verstoßen konnten, selbst wenn sie uns über den Kopf wuchs. Er mochte noch so wütend gewesen sein, als Esther bei uns Einzug hielt – inzwischen war sie *da* und als Familienmitglied akzeptiert, und damit hatte es sich. Um realistisch zu bleiben, muss ich allerdings zugeben, dass ich kaum auf eine ähnlich milde Reaktion bei Derek hätte hoffen können, wenn ich ihm rückhaltlos *sämtliche* Bedenken des Tierarztes offenbart hätte. Vorbereitet war er nun auf ein Haustier von dem Format eines durchschnittlichen größeren Hundes, aber im Grunde meines Herzens war mir angst und bange bei der Sache.

Natürlich behielt ich das für mich. Innerlich habe ich wohl damals schon geahnt, auf was wir uns da eingelassen hatten, aber ich schwöre, nicht im Traum geglaubt zu haben, dass Esther *derart* groß werden würde. Um die hundertzwanzig Kilo waren drin – aber das war mir egal. Wie schwer sie auch würde, ich wollte sie behalten. Ich brauchte alles bloß herunterzuspielen und zu hoffen, dass niemand Lunte roch.

Wie gesagt, man muss sich etwas nur lange genug einreden, dann glaubt man schließlich selber daran.

Etwa um diese Zeit begann Esther, ausgeprägte Charakterzüge zu zeigen. Sie war verspielt. Sie wollte kuscheln. Sie beschäftigte sich sogar mit den Spielzeugen der Hunde. Und wir liebten sie immer mehr.

Wenn Sie selber niemals ein Schwein als Haustier gehalten haben – und ich schätze, das trifft auf die meisten Zeitgenossen zu –, mag Ihnen das eventuell unverständlich erscheinen. Aber Schweine können ebenso anhänglich, wachsam und familientauglich sein wie der beste Hund oder die beste Katze – mehr als so manche Katze, um es genau zu sagen.

Ich habe noch nie jemanden gekannt, der oder die Tierbabys widerstehen konnte und angesichts ihrer nicht glatt dahinschmolz. Mir jedenfalls geht es so, und ich kriege mich dann gar nicht wieder ein vor Verzückung. Schon immer habe ich mir ausgemalt, wie es wohl wäre, zu Hause von jeder Tierart ein oder zwei Exemplare zu haben. Es ist mir einfach ein Bedürfnis, Tiere zu berühren und mit ihnen zusammen zu sein. Aber ich muss auch zugeben, dass es für mich von Anbeginn an ein spezieller Kick war, dass es sich bei Esther um ein Schwein handelte. Als wir sie bekamen, gab es so gut wie niemanden, der sich ein Schwein im Haus hielt, und bis heute sind Schweine ja nicht gerade drauf und dran, Hunden und Katzen den Rang abzujagen. Sie war etwas ganz Besonderes – eine Sorte Tier, mit der ich noch nie umgegangen war –, und die Vorstellung, so ein Tier bei mir zu Hause zu haben, war einfach zu verlockend. Andererseits hätte das wohl auch für jedes andere »exotische« Haustier gegolten. So habe ich mir zum Beispiel schon immer einen Affen gewünscht. Ich hätte *alles* dafür gegeben, einen Affen als Haustier zu haben. Mir war ursprünglich gar nicht klar gewesen, dass ich mir ein Schwein wünschte, aber die Freude, die ich empfand, als wir Esther bekamen, und das Bewusstsein, dass daheim ein Schwein auf mich wartete … zauberte einfach ein Lächeln auf mein Gesicht.

Esther zu haben war so anders, eine völlig neue Erfahrung – es gab so vieles an ihr, was einmalig war, was wir noch gar nicht kannten. Schon bald fielen uns gewisse Eigenarten an ihr auf – ihr schlurfender Gang etwa, wie ihre kleinen Hufe auf dem Fußboden rutschten, wenn sie es eilig hatte, oder diese drolligen schnalzenden Geräusche, die sie von sich gab, wenn sie durchs Haus stolzierte. Einfach zu süß. Sie schnaubte und furzte auch viel mehr, als es die Hunde taten, was man zwar nicht als süß empfinden würde, aber doch dafür als urkomisch. Eine ihrer Angewohnheiten unterschied Esther sofort ganz besonders von sämtlichen übrigen Tieren, die wir je besessen hatten – wie sie ihre Schnauze in unseren Händen rieb. Es scheint ihr gutzutun und beruhigend auf sie zu wirken. Wahrscheinlich gibt es ihr ein Gefühl der Sicherheit, zu wissen, dass wir in ihrer Nähe sind und sie uns berühren kann. Am Abend vor dem Einschlafen leckt sie uns die Handflächen und rubbelt ihre Schnauze darin. Wessen Herz würde bei so etwas wohl nicht in tausend Stücke zerspringen wollen vor Glück?

Wenn ein Haustier zum ersten Mal ein bestimmtes Geräusch von sich gibt oder eine bestimmte Bewegung macht oder einem in die Augen schaut, versucht man immer, hinter die Bedeutung dessen zu kommen. Man möchte als treusorgendes Herrchen oder Frauchen ja wissen, was dieses Tier, das jetzt ein *Mitglied der Familie* ist, denkt und fühlt. Und man möchte es auch das Tier spüren lassen, dass man es liebt, dass man alles für dieses Tier tun würde – so, wie man auch für jeden anderen in der Familie alles tun würde, für jeden, den man liebt.

Sowie man einem Lebewesen die Kammer seines Herzens öffnet, ist man auch geistig offen für all die möglichen Dinge, die es einem mitteilen möchte. Man sucht eine Bedeutung in gewissen Verhaltensmustern. Sollte dieses Geräusch Freude ausdrücken? Oder Angst? Hunger? Überraschtsein? Signalisiert der auf die Seite gelegte Kopf Neugier, Nervosität oder Verständnislosigkeit? Wird mein Haustier es mich wissen lassen, wenn es sich nicht wohlfühlt? Werde ich ihm genügend Aufmerksamkeit schenken, oder wird mir das Signal entgehen?

Womit ich nicht gerechnet hätte, waren die vielen Verhaltensweisen, die Esther mit den Hunden gemein hatte. Sie benutzte die Hundespielsachen auf die gleiche Weise, wie sie es taten, nahm zum Beispiel etwas vom Boden auf, um es zu schütteln. Wie auch die Hunde wollte sie kuscheln, wenn sie müde war, sich in unserem Schoß verkriechen und mit der Schnauze darin wühlen. Wenn sie uns einen Kuss geben wollte, streckte sie ihre Zunge ein Stück weit heraus und rieb ihren Kopf an unseren Händen.

Und genau wie die Hunde erwartete sie ständig Beachtung. Daran hat sich bis heute nichts geändert. Sie rückt nahe an einen heran, damit man sie streichelt. Wenn wir uns mit einem der Hunde oder einer der Katzen beschäftigen, will sie mit einbezogen werden. Natürlich kann sie sich nicht an einen heranschleichen wie eine Katze – Leisetreterei ist nicht ihre Stärke, ganz und gar nicht. Als Partisan wäre ein Hausschwein ziemlich ungeeignet.

Man sollte eigentlich meinen, dass ein zentnerschwerer Paarzeher, der auf seinen Hufen über einen Holzfußboden läuft, nicht noch extra etwas dafür tun muss, um auf sich aufmerksam zu machen – damit man nur ja seine Anwesenheit nicht vergisst. Aber Esther hält das für nötig, und das ist vermutlich bei allen Schweinen so.

Und dabei ging uns auf, dass jedes Schwein seine höchst eigene Persönlichkeit hatte. Gewiss war Esther für uns etwas ganz Besonderes und wir beteten sie an, aber es konnte gleichzeitig kein Zweifel daran bestehen, dass alle Schweine ihre individuellen Charakterzüge aufwiesen – ebenso wie die Millionen Hunde auf der Welt. Wir hatten gar nichts unternommen, um Esther etwas beizubringen oder sie zu trainieren, damit sie sich auf eine bestimmte Weise entwickelte. Wir gingen mit ihr um, als ob sie einer unserer Hunde wäre, und sie fing von selber an, all jene lustigen oder schlauen Dinge anzustellen. Wir konnten es in ihren Augen aufblitzen sehen, wenn sie die Katzen vor sich herjagte oder eines der Hundespielzeuge durchschüttelte. Je mehr wir sie im Kreise unserer übrigen vierbeinigen Hausgenossen beobachteten, desto mehr schien sie ihnen zu gleichen – nicht äußerlich, sondern was ihre Persönlichkeit und ihren Charakter betraf. Und das ging uns wohlig unter die Haut.

Was haben die Schweine uns getan? Warum wurden sie stets in Gefangenschaft aufgezogen, um dann geschlachtet zu werden, während Hunde und Katzen seit jeher herzliche Aufnahme bei uns Menschen fanden und wie Familienmitglieder behandelt wurden? Das physische Erscheinungsbild war eigentlich der einzige Unterschied, den wir zwischen Esther und unseren Hunden feststellten – mal abgesehen davon, dass Esther kaum noch einen Schwanz hatte, mit dem sie hätte wedeln können. Doch *wenn* sie einen gehabt hätte, würde er sicher in der Regel fröhlich gewedelt haben.

Wieso hatten Schweine also die schlechteren Karten gezogen? Wieso war uns nicht schon früher aufgegangen, über was für ein einnehmendes Wesen und welche Intelligenz sie verfügten? Und wo wäre Esther gelandet, wenn sie nicht zu uns gekommen wäre?

Wir haben uns im Verlaufe der Jahre immer wieder mit diesen Fragen beschäftigt; meistens jedoch waren wir einfach nur froh und glücklich, unser süßes, reizendes, quiekendes Mädchen bei uns zu haben. Wir hatten früher nie das Gefühl gehabt, dass uns ohne sie etwas fehlte – Derek natürlich noch viel weniger als ich –, aber schon nach kurzer Zeit konnten wir uns ein Leben ohne Esther gar nicht mehr vorstellen. Sie war so sehr fester Bestandteil unseres Hauses geworden wie das Fundament, die Wände und der Boden unter unseren Füßen … der Boden, von dem wir anfangs noch nicht ahnten, dass sie ihn bald vollpissen würde. Und wenn ich vollpissen sage, dann meine ich auch *vollpissen*. Dazu kommen wir etwas später.

3

Ich glaube, es war eines Abends im September. Esther war damals erst seit ein paar Wochen bei uns. Ich saß am Computer, Derek bereitete das Abendessen vor – oder vielmehr unser Mittagessen, das wir abends um sieben zu uns nahmen. Wenn Derek kocht, lasse ich immer im Hintergrund den Fernseher laufen, halte mich aber mit meinem Laptop in der Nähe unseres Esstisches auf, um ihm Gesellschaft zu leisten, während eine Sitcom oder eine Zeichentrickserie die Geräuschkulisse abgibt. Von der Essecke aus konnte man in den Küchenbereich schauen, der zwar durch einen Tresen abgetrennt war, doch ansonsten räumlich unmittelbar an den Esstisch grenzte. Also saß ich dort am Tisch, wo wir uns unterhielten und ich alles sehen und hören und riechen konnte, was er zubereitete.

In unserer Gegend war der Herbst immer eine recht lukrative Jahreszeit für Hausmakler, also war ich ziemlich beschäftigt und häufig unterwegs, um neue Objekte aufzutun, ehe der Winter Einzug hielt und alles notgedrungen einen Gang zurückschaltete. Derek hat einen bewundernswerten Blick für Design und guten Stil, so dass er mir bei meinen Geschäften stets eine große Hilfe ist, etwa bei der Gestaltung meiner Zeitungsannoncen oder meiner Informationsblätter – das sind die einseitig bedruckten Zettel mit Bildern, die Interessenten mit nach Hause nehmen, nachdem sie ein Objekt besichtigt haben. Ein weiterer Beweis für meine These, dass wir beide einfach ein Traumteam abgeben.

An diesem speziellen Abend war es sogar unser Frühstück, das wir zur Abendbrotzeit einnahmen, was jeder Erwachsene von Zeit zu Zeit mal tun sollte, einfach so. Ich saß am Tisch und arbeitete an dem Angebot für ein neues Objekt. Derek stand am Herd, Esther lag zu seinen Füßen – ich sagte ja schon, dass sie sich von Anfang an benahm wie ein Hund, also verfolgte sie auch immer neugierig, was bei uns gekocht wurde. Sie schnaubt, quietscht, grunzt und wackelt dann mit ihrem Stummelschwänzchen, denn sie will natürlich probieren. In dieser Hinsicht pflegen wir keine besonders strenge Disziplin – bei uns fällt ab und zu schon mal was für die Tiere ab.

Da saßen wir also, während Derek mit den Vorbereitungen beschäftigt war. Er stellte alles zusammen, was wir für unsere Sandwiches brauchten: getoastete englische Muffins, Käse, Eier und selbstverständlich … Frühstücksspeck.

Wir hatten unsere Essgewohnheiten nicht geändert, seit Esther in unser Leben getreten war, ernährten uns nach wie vor von Burgern und Pizza mit Peperoni. Nur Frühstücksspeck war schon eine Weile nicht mehr auf den Tisch gekommen – nicht, weil wir willentlich darauf verzichtet hätten, sondern weil einfach keiner im Haus gewesen war. An Esther hatten wir dabei überhaupt nicht gedacht.

An diesem bewussten Abend jedenfalls briet Derek Frühstücksspeck.

Und plötzlich machte bei mir im Kopf etwas *klick*.

Mir fiel ein, dass der Tierarzt Esther als »Nutztier« bezeichnet hatte, was bedeutete, dass es ihr Los gewesen wäre, eines Tages zu Fleisch und Wurst verarbeitet zu werden, was ja der einzige Zweck im Leben eines Hausschweins war. Schweine zogen keine Schlitten durch die Weiten des Yukons und keine Kutschen durch den Park. Aus ihnen werden Koteletts, Grillhaxen und Wiener Würstchen und und und …

… ja, eben.

Ich hörte den Frühstücksspeck auf dem Herd brutzeln, und sein unverkennbarer Duft wehte zu mir herüber. Dieser Duft, den ich mein Leben lang so genossen hatte (und keinem Fleischfresser dürfte es da, ehrlich gesagt, anders ergehen), roch für mich von einer Sekunde zur nächsten schlagartig ganz furchtbar.

Nach Tod.

Ich sah Derek beim Braten zu, warf einen Blick auf Esthers seligen Gesichtsausdruck und ließ mir die Szene sozusagen auf der Zunge zergehen. Derek behielt die Pfanne im Auge und schaute gelegentlich zu der zufrieden grunzenden Esther hinüber. Wenn ich jetzt Esthers Gedanken hätte lesen können – und ich bin mir fast sicher, dass ich in diesem Moment ziemlich nahe dran war –, wäre wohl in etwa Folgendes dabei herausgekommen:

Hallo, Herrchen! Was brutzelst du da oben auf dem Herd? Fällt denn auch genug für mich ab?

Oh mein Gott.

Was dachten wir uns bloß dabei?

Wenn man jeden Tag Fleisch isst (oder zumindest an den meisten Tagen), versucht man ständig, es vor sich selber zu rechtfertigen – jedenfalls ist das bei mir so. Ich kenne allerdings auch jede Menge Leute, die drei Fleischgerichte pro Tag verschlingen, ohne sich die geringsten Gedanken deswegen zu machen. Man hört zwar dauernd, dass Fleisch nicht gesund sein soll oder dass es zumindest in übermäßigen Mengen genossen *ungesund sein kann*, aber das trifft doch schließlich auf alles und jedes zu, oder etwa nicht?

Natürlich ist nichts dabei, Fleisch zu essen, sagt man sich dann. Fast alle anderen tun es doch auch.

Dass ich ein Schwein ins Haus gebracht habe, hat nicht über Nacht dazu geführt, dass ich sämtliche Fleischgerichte von unserem Speiseplan verbannen wollte. Ich habe nicht die Nase über alle Fleischfresser gerümpft, mich nicht als *KaleMan* aufgespielt, den veganen Grünkohl-Superhelden, den man auf YouTube bei seinen Weitsprüngen über hohe Maisfelder bewundern kann.

Doch die Erkenntnis, dass es tatsächlich einmal Esthers Bestimmung gewesen war, jemandes Mittagessen zu werden, machte es mir unmöglich, unser Zusammenleben mit dem Verzehr von Speck in Einklang zu bringen – das wäre jetzt so, als würde ich einen unserer Hunde verspeisen. Oder überhaupt einen Hund. Vor meinem geistigen Auge sah ich mich mit den Hunden hinten im Garten herumtollen und dann die kleine Esther angerannt kommen, weil sie an unserem Spaß teilhaben wollte.

Moment mal, dachte ich, während ich da in unserer Essecke saß. Ich blickte zu Derek hinüber und fragte mich, ob sich in seinem Kopf wohl auch die Rädchen zu drehen begonnen hatten. Er schaute abwechselnd den Speck in der Pfanne an und dann Esther, schwenkte zwischen beiden hin und her. Es war schon beklemmend. Die Geräusche, die sie machte, der Geruch, der den Raum erfüllte – vor allem eben der Geruch von gebratenem Schweinefleisch. Und das hier bei uns im Haus.

Ich würde nie Hundefleisch essen. Und ab jetzt auch keinen Frühstücksspeck mehr.

Es hielt mich nicht auf meinem Platz. Ich trat zu Derek an den Herd.

»Ich glaube nicht, dass ich das essen kann«, sagte ich, um mich bemerkbar zu machen.

Er bat mich, das zu wiederholen. Also tat ich es. »Ich kann das nicht essen. Ich esse diesen Speck nicht. Es graut mir davor.«

Seine Erwiderung überraschte mich: »Ich auch nicht, glaube ich.«

Es war echt komisch. Er fragte mich nicht einmal nach dem Grund. Als hätte er genau das Gleiche gedacht.

Die Eiersandwiches ließen wir uns trotzdem schmecken. Es war ja nicht so, dass wir uns spontan in Veganer verwandelt hätten. Vorerst lautete die Parole bloß: »Wir können nicht Esthers Fleisch essen.« Wir lebten weiter wie bisher, aßen Eier und Käse, machten sogar ein paar Witze darüber, dass das nicht dasselbe sei wie Schweinefleisch. Wir kannten keine Kühe und keine Hühner – für uns waren das bloß Tiere auf dem Bauernhof, zu denen wir keine emotionale Verbindung hatten. Mit Schweinen hingegen hatten wir uns ausführlich beschäftigt und dabei erfahren, wie intelligent sie waren. Wenn man im Internet nach Informationen über Schweine sucht, stößt man unweigerlich darauf, unter welchen Bedingungen sie zum Zweck der Fleischproduktion gehalten werden, und das ist dann alles andere als erbaulich. Dies war der Punkt, an dem unsere Liebe zu Esther uns die Augen öffnete – zumindest teilweise. Wenn wir fortan Frühstücksspeck sahen, sahen wir Esther, aber wenn wir einen Burger vor uns hatten, sahen wir darin weiterhin einen Burger. Mit einem Mal spielte Esther in einer ganz anderen Liga – bloß hatten ihre übrigen »Freunde vom Bauernhof« den Sprung in unsere Köpfe noch nicht geschafft. Es war ein treffendes Beispiel dafür, wie man vor etwas die Augen verschließt und eine Mauer um sich herum zieht.

Ein paar Tage später scrollten Derek und ich uns durch das Online-Menü von Netflix, als ein Dokumentarfilm mit dem Titel *Vegucated* unsere Aufmerksamkeit erweckte. Es ging darin um drei überzeugte Fleischesser in New York, die sich bereit erklären, sechs Wochen lang eine vegane Diät einzuhalten. Wir hatten vorher noch nie gezielt nach Dokumentationen dieser Art gesucht – Bilder von Schlachtungen sind mir zu drastisch, ich kann mir so etwas nicht angucken –, aber dieser Film wurde als leicht bekömmlich und humorvoll beschrieben.

Ich bin eigentlich immer schon ein »Informationsfreak« gewesen und habe mir stets gerne alle möglichen Dokumentarstreifen angesehen. Filme über geschichtliche Ereignisse oder über Ingenieurskunst haben mich fasziniert, und natürlich auch Natur- und Tierfilme – außer, wenn sie in Afrika spielen. Man lasse mich bitte in Ruhe mit dem »ewigen Kreislauf« von Leben und Tod, von Jäger und Gejagtem in Frieden. Solche Filme enden immer damit, dass ein Löwe ein anmutiges Zebra reißt, und obwohl es in der Natur eben so zugeht, hasse ich es, mir so etwas anzuschauen.

Als sich nun die Möglichkeit ergab, *Vegucated* online auszuleihen, sagte ich mir, dass der Film einen Versuch wert sein könnte. Derek achtete gar nicht darauf, was ich da für uns aussuchte, ganz typisch, denn er hatte schon wieder sein Smartphone vor der Nase und las seine E-Mails. Also startete ich den Film, und ab ging's. Als Derek begriff, dass dies keine der üblichen Dokumentationen war, wie ich sie mir sonst anzusehen pflege – Filme über den Bau des Airbus A380 etwa oder die Errichtung von Windturbinen vor der holländischen Küste, Dinge, die *ihn* ziemlich kaltlassen –, war mit einem Mal sein Interesse geweckt. Er legte sein Handy beiseite und schaute interessiert auf den Bildschirm.

Am Ende des Films hatten wir beide bereits damit begonnen, unsere Fleischfresser-Mentalität in Frage zu stellen. Auf *Vegucated* folgten weitere Dokumentationen, zum Beispiel *Food Inc.*, worin es um die Machenschaften der Lebensmittelindustrie geht. Und *Blackfish* beschäftigt sich mit dem Leben von in Gefangenschaft gehaltenen Schwertwalen. So lernten wir eine Menge darüber, wo unsere Lebensmittel herkommen und was Tiere dafür erdulden müssen. Es geschahen so viele Grausamkeiten – selbst bei Vorgängen, von denen wir geglaubt hatten, dass dabei alles mit rechten Dingen zuginge.

Ich hatte mich bis dahin für einen großen Tierfreund gehalten, doch plötzlich fühlte ich mich schwer betrogen. Ich ärgerte mich darüber, was uns alles eingeredet wurde, wie man uns glauben machen wollte, es seien »doch nur Nutztiere«. Ich zweifele nicht daran, dass die entsprechenden Informationen schon immer verfügbar gewesen wären, wenn wir sie nur gesucht hätten. Aber das hatten wir nicht getan. Es war ja auch viel bequemer, wegzuschauen und weiter unser Fleisch zu genießen.

Doch damit war jetzt Schluss. Schlicht und ergreifend. Für mich kein Fleisch mehr. Warum also nicht gleich dem gesamten Raubtierverhalten entsagen und konsequent auf vegane Ernährung umstellen? Ich hatte mein Herz für die Opfer unseres Lebensstils entdeckt.

Aber das war leichter gesagt als getan. Sosehr ich aus ethischen Gründen auch auf Fleisch verzichten wollte – es gab dabei ein großes Hindernis zu überwinden.

Ich habe Gemüse noch nie ausstehen können.

Und, ganz ehrlich, daran hat sich bis heute nichts geändert.

Ich brauche auf einem Teller bloß einen Zwiebelring zu wittern, und schon picke ich mit meiner Gabel darum herum, um ihm nur ja aus dem Weg zu gehen. Gott bewahre mich davor, ihn in den Mund zu bekommen und womöglich auch noch daraufzubeißen – die Mahlzeit wäre für mich gegessen. Ich schätzte schon immer die Hausmannskost. Man konnte mich in das beste Restaurant einladen – es war vergebliche Liebesmüh, denn ich bestellte doch nur einen Burger oder ein Pastagericht. Manchmal zog ich es sogar vor, zu Hause zu essen, anstatt ein Restaurant zu besuchen, weil ich schon vorher wusste, dass mir wahrscheinlich nichts von dem gefallen würde, was ich dort geboten bekäme. Da war es besser, sich den Magen vollzuschlagen, *bevor* ich essen ging.

Als Derek mich darauf ansprach, ob wir uns in Zukunft vegan ernähren wollten, habe ich natürlich zunächst herumgedruckst. Als eingefleischter Gemüsehasser konnte ich mich nur sehr schwer mit dem Gedanken anfreunden. Ich fürchtete mich davor, Sachen essen zu müssen, die ich hasste oder – was noch schlimmer war – die ich nicht kannte. Es wäre alles so neu für mich, und vor allem Neuen habe ich Angst. Und das traf auch auf vieles zu, was ich über veganes Essen gehört hatte. »Couscous« hier und »Quinoa« da. Was zum Teufel war Quinoa, und warum sollte ich so etwas essen wollen? Und Acai? Ich würde nicht einmal den Versuch wagen, es auszusprechen!

Ich wusste nur, dass ich keine Tiere mehr essen wollte; zudem reifte in mir die Erkenntnis, dass Hühner und Kühe sich letztendlich gar nicht so sehr von Hunden und Katzen unterschieden – und natürlich auch nicht von Schweinen, die sich ja nun ebenfalls einen Platz auf unserem »Olymp der Haustiere« ergattert hatten. Dafür ging mir jedoch nun eine brennende Frage im Kopf herum: Wenn ich kein Fleisch mehr essen konnte, was sollte ich dann essen? Ich hasste Salat. Ich konnte auch keine komischen Gemüse ausstehen, und »komisch« waren für mich die meisten Gemüsesorten. Was blieb? Würde ich mich fortan nur von Körnern und Nüssen ernähren können? Würde Derek eines Tages nach Hause kommen und feststellen, dass ich mich in einen Vogel verwandelt hatte?

Aber in diese Gedanken weihte ich Derek nicht ein. Schließlich war ich seiner Frage nicht länger ausgewichen und hatte erklärt, dass dem von meiner Seite aus nichts im Wege stünde. Ich wollte nicht derjenige sein, der uns daran hinderte, eine positive Entwicklung durchzumachen.

Also verlegte ich mich auf eine Politik der kleinen Schritte. Fleisch sollte nicht mehr im Vordergrund meines Speiseplans stehen, nicht länger mein täglich Brot sein, wenn man so will. (Es stellte sich jedoch bald heraus, dass ich ohne Fleisch sehr viel mehr Butterbrote aß als vorher). Einen gelegentlichen Burger wollte ich mir allerdings weiterhin gönnen. Und auch auf Milch würde ich nur schwer verzichten können. Also sagte ich mir, dass der Kuh beim Gemolkenwerden ja kein Leid zugefügt würde. Ich war nie um eine Ausrede verlegen, war schon immer ganz groß darin gewesen, mir selber etwas einzureden.

Tief in meinem Inneren wusste ich freilich, dass ich bloß eine Rechtfertigung vor mir selber suchte. Doch je mehr ich mich bemühte, die Scheuklappen aufzubehalten, desto weniger verlegen war ich um Ausflüchte. Allzu gern ließ ich mich von Marketingschlagwörtern wie *Freilandhaltung* oder *mit Gras gefüttert* einlullen. *Wenn diese Milch von glücklichen Kühen stammt, spricht ja wohl nichts dagegen, sie zu trinken*, sagte ich mir, oder: *Diese Hühner sind auf wunderschönem, sanft hügeligem Weideland gehalten worden und hatten ein herrliches Leben, also darf ich sie jetzt ja wohl essen.*

Und bis zum Schluss blieb mir die eine große Krücke, an der ich mich monatelang festhielt: *Es tut der Kuh nicht weh, wenn sie gemolken wird.*

Mein Gott, wie habe ich mich nur so irren können.

Ich habe mir das Melken von Kühen immer als eine Tätigkeit vorgestellt, die auf lieblichen sattgrünen Weiden am Grunde wogender Täler ausgeübt wird. Ein reizendes Holländermädel mit Pferdeschwanz kommt mit einem Eimer in der Hand angeschlendert, um die gute alte Bessie zu melken, die bestimmt schon sehnsüchtig darauf wartet. Sie gibt gerne ihre Milch für die Bauernfamilie, und aus diesem Grunde lieben auch alle ihre Bessie. So funktioniert Milchwirtschaft, nicht wahr?

Wieder ein Beispiel dafür, wie ein bisschen Aufklärung Wunder wirken kann.

Aus Fernsehfilmen erfuhr ich, dass Kühe in modernen Milcherzeugerbetrieben eine abscheuliche Behandlung erdulden müssen. Daraufhin begann ich Vergleiche zu ziehen, auf die ich vorher nie gekommen wäre. Ich wusste inzwischen auch, dass die Menschen die einzige Spezies sind, die nach dem Säuglingsalter noch Milch zu sich nehmen – und auch die einzige Spezies, die die Milch einer anderen Spezies trinkt, was eigentlich ja ein recht abwegiges Tun ist. Man unterhält sich lachend darüber, wie bizarr es gewesen sein muss, als jemand zum ersten Mal auf die Idee kam, eine Kuh zu melken … und die Milch dann zu trinken! Aber vergessen wir kurz den Melker und befassen uns mit der Kuh. Was, glauben Sie, mag die wohl dazu gesagt haben? Wahrscheinlich: *Hey, entschuldigen Sie bitte, was fummeln Sie denn da rum?*

In der Anfangsphase unserer veganen Übergangsperiode – mir fällt im Moment kein passenderer Ausdruck ein – pflegten Derek und ich auf Partys noch alles zu essen, was es gab, denn wir glaubten, eine Rechtfertigung dafür zu haben.

Ich habe das schließlich nicht gekauft.

Nun ist es ja einmal da.

Sonst wandert es doch in den Müll.

Jetzt, wo es schon mal gekocht ist …

Es hat ein paar Monate gedauert, bis mir endgültig aufging, dass es einfach nicht in Ordnung war, Fleisch zu essen, ganz unabhängig davon, wer es gekauft haben mochte. Indem ich Esther mehr und mehr schätzen lernte und unsere Bindung immer enger wurde, begann ich unwillkürlich, sie mit einer Kuh zu vergleichen – oder mit jedem anderen Tier, das zur Lebensmittelproduktion gezüchtet wird.

Wo wäre Esther wohl gelandet, wenn sie nicht zu uns gekommen wäre? In einem käfigartigen Kastenstand in einem Maststall. Ich frage mich manchmal, was aus dem Rest des Wurfes geworden sein mag. Woher soll man wissen, ob die Packung Frühstücksspeck im Laden nicht von Esthers Angehörigen stammt? Vielleicht aus einem Wurf ihrer Schwester? Und falls nicht, ist es doch auf jeden Fall das Fleisch von geschlachteten Schweinen, von intelligenten Schweinen mit einer ganz eigenen Persönlichkeit, die fähig waren, Liebe und Zuneigung auszudrücken – so wie Esther.

Anfangs, als wir Esther gerade bei uns aufgenommen hatten, hatte sie für uns noch in erster Linie den Reiz des Neuen. Doch mit dem Fortschreiten der Zeit und indem wir immer mehr über die Agrarindustrie in Erfahrung brachten, entbrannten sich an ihr die scheußlichen Eindrücke aus dem Internet oder aus Filmen. Wenn ich sie im Garten spielen sah, erschienen vor meinem geistigen Auge sofort Bilder von einer ganz jungen, in einer Kälberbox festgeketteten Milchkuh. Wenn ich Esther ihr Futter hingestellt hatte und zuschaute, mit welcher Hingabe sie jedes einzelne Stück Wassermelone oder Mango vernaschte, stellte ich mir spontan ein trauriges, an Leib und Seele gebrochenes Schwein in einem Kastenstand vor. Ich fühlte mich immer wie ein stolzer Vater, wenn Esther einen neuen Meilenstein in ihrer Entwicklung zu der überlebensgroßen Persönlichkeit, die sie heute darstellt, erreichte, indem sie ihr Katzenklo annahm oder anfing, sich mit Spielsachen zu beschäftigen. Dann wiederum fand ich mich in der Fleischabteilung des Supermarkts wieder und litt unter einem würgenden Gefühl des Unwohlseins, weil auf einmal alles in den Truhen ein Gesicht hatte. Ich konnte ein Steak oder eine Speckschwarte nicht mehr nur als ein *Produkt* betrachten. Jedes einzelne Kotelett im Laden hätte Esther sein können, und dabei kam es mir richtig hoch.

Je mehr Zeit wir mit Esther verbrachten und zusahen, wie ihr Charakter sich entfaltete, umso mehr ging uns auf, was für ein Bockmist dieses beschwichtigende Gerede von wegen »es sind doch bloß Nutztiere« war. Was ihre Persönlichkeit betraf, konnte Esther locker mit jedem

Hund mithalten. In ihr steckte so viel mehr, als man sich je hätte vorstellen können, und jeden Tag tat sie etwas, was es uns aufs Neue bewies – obwohl manches davon einem ganz schön auf die Nerven ging, etwa wenn sie Küchenschränke öffnete und Essbares daraus klaute. Ihre überragende Lernfähigkeit war für uns der Schlüssel zu den Veränderungen in unserem Leben. Wenn *sie* so schlau ist, sagten wir uns, sind es wohl alle Schweine.

Das Verrückte ist ja, dass wir all diese Dinge längst schon wissen, sie aber einfach nicht wahrhaben wollen. Es ist wie mit dem Rauchen. Man weiß genau, dass es wahnsinnig ungesund ist. Man weiß, dass man mit jeder Zigarette dem Tod ein Stückchen näherrückt. Und man macht trotzdem weiter. Die Menschen erfinden alle möglichen Gründe, *nicht* mit dem Rauchen aufzuhören, obwohl sie wissen, dass alles dafür spricht. Sie rauchen weiter, bis ihnen etwas widerfährt, das sie umdenken lässt.

Esther gab uns einen Grund, die Wahrheit wissen zu wollen, unser Verhalten gründlich umzustellen – und dann auch dabei zu bleiben.

Ich behaupte nicht, dass es ein Kinderspiel wäre, mal eben Veganer zu werden. Es ist ein Lernprozess, und der kann äußerst mühselig sein. Zunächst einmal braucht man länger zum Einkaufen. Man beschäftigt sich ausgiebiger mit den Etiketten. Hier bieten sich Ausreden wie *dafür habe ich nicht die Zeit* oder *das ist mir zu kompliziert* an. Aber so kompliziert ist es, ehrlich gesagt, nun auch wieder nicht. Man muss nur einfach ein paar Dinge, die einem während des ganzen Lebens beigebracht worden sind, neu lernen.

Und wenn man wirklich etwas bewegen möchte, muss man meines Erachtens konsequent auf *alles* verzichten: keinerlei tierische Produkte. (Und Sie wissen ja jetzt, was es bedeutet, wenn ich das sage.) Derek und ich wussten, dass wir nie mehr ein Tier essen würden, und wir wussten, dass wir ein Zeichen setzen wollten.

Nachdem wir uns also entschieden hatten, *richtig* vegan zu leben, setzte eine spannende Lernphase ein. Wir gingen einkaufen und glaubten, alles richtig gemacht zu haben, bis wir entdeckten, dass unsere Lieblingsmarke Kartoffelchips Milch enthielt oder dass irgendetwas, was nach einer abgedrehten chemischen Zutat klang, in Wirklichkeit aus Rindersehnen hergestellt war – oder was es sonst noch alles gibt. Einfach nur auf Fleisch zu verzichten war verhältnismäßig einfach im Vergleich dazu herauszufinden, wie viele andere Produkte tierische Bestandteile enthalten. Wenn man gerade angefangen hat, vegan zu leben, kann einen das richtiggehend kirre machen. Ich weiß nicht, wie oft einer von uns etwas aus dem Supermarkt mit nach Hause brachte, bei dem der andere dann merkte, dass sich in der Liste der Inhaltsstoffe etwas verbarg, was für unseren neuen Lebensstil ein absolutes *NoNo* war. Die wöchentlichen Besorgungen waren immer schon eine lästige Pflicht gewesen, auch schon zu der Zeit, als wir noch Fleisch aßen, aber *vegan* einzukaufen machte aus einem einstündigen Supermarkttrip einen dreistündigen Hürdenlauf. Wir verbrachten Ewigkeiten damit, mit zwei scheinbar völlig identischen Produkten vor dem Regal zu stehen und herauszufinden, ob eines davon für Veganer geeignet war.

Während also diese Umstellung unseres Speiseplans anlief, wurde Esther immer größer … und größer … und größer. Sie stubenrein zu bekommen erwies sich als unerwartet schwierig, so dass noch allerlei stressreiche Tage am Horizont lauerten – besonders infolge der atemberaubenden Mengen Kot und Urin, die sie absonderte.

Uns war hingegen erzählt worden, es wäre der reinste Selbstgänger, ein Schwein zur Stubenreinheit zu erziehen. Man bräuchte ihr bloß ein paarmal zu zeigen, wie sie es machen solle, und damit hätte es sich. Zunächst versuchten wir es mit einem Katzenklo, in dem wir Hygienepads ausgelegt hatten. Katzenstreu konnten wir nicht verwenden, weil Schweine es als Futter betrachten; also wurde uns zu auswaschbaren Tüchern oder Hobelspänen geraten. Wir hatten das größte Katzenklo gekauft, das sich auftreiben ließ, und es hatte sogar ein Dach.

Esther sollte also in ihr Klo steigen, ihr Geschäft erledigen und wieder herauskommen. So war es gedacht, und der erste Schritt klappte auch ganz vorzüglich. Der Einstieg bereitete ihr keine Probleme, doch dann wurde es kompliziert. Das lag daran, dass es ein Klo für *Katzen* war und dass Esther ein wenig anders gebaut war als eine Katze. Sowie sie nämlich erst einmal in dem Katzenklo steckte, konnte sie sich nicht mehr umdrehen, um es zu verlassen. Und wenn sie dann pinkelte, ergoss sich der Strahl… nach draußen. Ja, sie ging es schon richtig an, bloß das Ergebnis haute noch nicht ganz hin. Also besorgten wir eine Kiste, die über einen halben Meter länger war. Nun galt es, ihr beizubringen, nach dem Einstieg eine Drehung zu vollführen, sich danach hinzuhocken – und sich erst dann zu erleichtern. Das erwies sich als außerordentlich verzwickt. Und mit Esthers Größerwerden musste zwangsläufig auch ihre »Kloschüssel« wachsen – wir reden inzwischen von einer Kiste, die die Dimensionen einer Couch hatte. Wenn Sie sich vorstellen können, um eine Couch herum eine Kiste zu bauen, wissen Sie, wie groß Esthers »Sanitärraum« inzwischen war. Falls Sie jemals zentral in einer Großstadt gelebt haben, dürfte es in Ihrem Badezimmer, einschließlich Waschbecken und Dusche, enger zugegangen sein. Und jedes Mal, wenn eine größere Kiste fällig war, mussten wir Esther aufs Neue in deren Benutzung einführen. Wir begleiteten sie hinein, sie drehte sich um und machte ihr Geschäft. Innen hatten wir die Kiste mit alten Plastiktafeln ausgelegt, wie ich sie in meinem Maklerbüro als Schilder benutze, und den Boden dann mit einer dicken Schicht Holzspäne bestreut.

Natürlich war es der reinste Albtraum, diese Kiste sauber zu machen. Weil das Gebilde mit einem Dach versehen war, konnte man sich nicht einfach hinstellen und es mittels Schaufel und Besen auskehren. (Sie haben es erraten: Mit Handfeger und Kehrblech wäre man nicht weit gekommen.) Nein, man musste in die Kiste hineinkriechen, um sie zu säubern, was sehr arbeitsintensiv war, und, seien wir ehrlich, auch ziemlich … heftig. Und das mindestens alle zwei Tage.

Zu dieser Zeit trank sie – wohl, weil sie noch im Wachsen begriffen war – *sehr* viel mehr Wasser, als sie es heute tut. Wenn sie Durst hatte, zischte sie glatt drei Gallonen Wasser weg – was allein schon eine Vorstellung davon vermittelt, was für eine große Trinkschüssel sie benötigte. Und natürlich waren ihre Gewohnheiten bei der Toilettenbenutzung in jener prägenden Phase noch nicht perfekt, und drei Gallonen – über elf Liter – Flüssigkeit sind *eine Menge*, wenn sie sich irgendwo dorthin ergießen, wo man sie nicht haben will. Wir versuchten, ständig auf ihre Bedürfnisse vorbereitet zu sein und die Kiste parat zu haben, wenn sie sie benötigte, aber wir waren damals alle noch am Üben, und so gab es durchaus Unfälle – bloß von etwas größerem Ausmaß, als wenn man ein Kätzchen oder einen Welpen stubenrein kriegen will. Dieser Erziehungskandidat hatte mindestens das Kaliber des Stoppers einer Footballmannschaft.

Als Esthers Schweineklo – man konnte es inzwischen schon nicht mehr eine Kiste nennen, eher eine Toilettenanlage – seine größtmöglichen Ausmaße erreichte, schafften wir es hinunter in den noch nicht ausgebauten Keller, und dort blieb es dann auch. Wir konstruierten ihr eine Art Laufgitter für den Fall, dass wir mal ausgehen wollten, denn wir trauten uns nicht recht, sie allein in der Wohnung zu lassen.

War damit das Problem gelöst?

Weit gefehlt. Selbst, wenn wir glaubten, alle Eventualitäten ausgelotet und Esther dank unseres Improvisationstalents auf Nummer sicher zu haben, stellten sich weitere Katastrophen ein.

Das Saubermachen war reinste Herkulesarbeit; schmutzig und zermürbend. Wir waren immer rund eine Stunde lang im Keller beschäftigt, mussten erst das ganze Gehäuse demontieren, die Bodenplatte austauschen, den Dreck darunter aufwischen und ihn in Müllbeutel schütten, zum Schluss das Innere desinfizieren. Hinterher sahen wir selber aus wie die Säue. Doch fürs Erste war alles frei von Keimen und Exkrementen, und wir hofften, dass wenigstens ein paar kostbare Augenblicke lang alle Müh und Last von uns genommen war.

Also holten wir einmal tief Luft, zogen uns um und setzten uns hin, um uns zu erholen. Doch fünf Minuten später erschien Esther, verfehlte ihr Ziel um *gerade mal so viel*, und schon schwamm wieder eine Tonne Gülle unter ihrem Verhau, und wir konnten von vorne anfangen.

Wir versuchten, die Nerven zu bewahren. Anfangs hatte Derek das Saubermachen überwiegend mir überlassen, und ich warf es ihm nicht vor, denn schließlich war ich es ja gewesen, der Esther ohne vorherige Absprache bei uns eingeschleust hatte. Doch nach einer Weile hatte er ein Einsehen und teilte fortan den Großteil der Arbeit mit mir, wofür ich ihm ausgesprochen dankbar war.

Nach und nach lernte Esther dazu und machte erhebliche Fortschritte, obwohl sie noch längst nicht hundertprozentig stubenrein war. Wir mochten sie für noch so gut erzogen halten – von Zeit zu Zeit kam sie ins Wohnzimmer marschiert, hockte sich direkt vor unsere Nasen hin und … ließ der Flut freien Lauf.

Natürlich schrien wir beide sofort »Nein!«, was ja nur eine instinktive Reaktion war, doch das verschlimmerte alles oft nur. Esther begriff natürlich sofort, dass sie etwas verkehrt gemacht hatte, unterdrückte den Strahl so gut es ging und trat rasch den Rückzug an, wobei sie im Davoneilen das Haus vom einen Ende zum anderen vollspritzte. Also wurden wieder Teppichreiniger und Waschmaschine angeworfen, und die Wogen der Entrüstung schlugen hoch. Esther wurde zur Strafe in ihre Kiste im Keller verbannt, weil sie »unartig« gewesen war, doch – so schwer zu glauben es auch sein mag – damit war die Geschichte längst nicht ausgestanden.

Denn Esther begann einfach zu *schreien.*

Wenn Esther schreit, hört sich das an wie ein startendes Düsenflugzeug. Ein Heulen, das einem durch Mark und Bein geht. Es klingt im wahrsten Sinne des Wortes herzzerreißend. Man sitzt im Wohnzimmer und versucht krampfhaft, mit dem, was man gerade tut, fortzufahren, aber man hört sie jammern, und es ist – da wollen wir uns nichts vormachen – völlig undenkbar, dass man einfach die Ohren davor verschließt. Man wünscht sich dann nichts mehr, als sie wieder herauszulassen und ihr zu sagen, dass alles vergeben und vergessen sei. Es ist wie mit dem sprichwörtlichen »treuen Hundeblick«, der einen im tiefsten Inneren trifft, oder wie mit einem schreienden Baby – man hat nur den einen Wunsch, zu trösten, alles wieder gut werden zu lassen.

Mir war klar, dass selbst die besten Eltern ihren Kindern gelegentlich (vermutlich sogar öfter) eine tüchtige Standpauke hielten und dass auch wir Esther mit der nötigen

Strenge erziehen mussten, wenn wir nicht eines Tages von ihr terrorisiert werden wollten. Es zerriss einem bloß das Herz, sie klagen zu hören. Doch so klischeehaft es auch sein mag – ich musste einfach mal hart bleiben.

Gleichzeitig machte ich mir Gedanken darüber, ob es für Derek nicht alles zu viel würde. Ich wusste, dass er Esther inzwischen auch ins Herz geschlossen hatte, aber irgendwo in meinem Hinterkopf spukte die Sorge, er könne irgendwann resignierend die Arme in die Luft werfen und erklären, dass es mit Esther so nicht weiterginge. Obwohl der Gedanke sehr weit hergeholt war: Ich hatte immer noch Angst, sie eines Tages wieder aus dem Haus schaffen zu müssen, wenn ich ihre Ausscheidungsgewohnheiten nicht in den Griff bekam.

Also, sagte ich mir, musste ich noch härter durchgreifen. Wir würden eine noch strengere Disziplin einführen müssen. Leicht würde das nicht werden. Esther wäre nicht glücklich, und wir wären nicht glücklich, denn wir wussten ja, dass sie nicht absichtlich etwas falsch machte, doch ebenso auch, dass es nicht ohne gewisse Sanktionen ging.

Wir entschieden uns für eine halbe Stunde Stubenarrest als Bestrafung. Wir stellten die Zeitschaltuhr am Herd auf dreißig Minuten, ertrugen dreißig Minuten lang das Düsengeheule und ließen sie dann wieder heraus. Es kam allerdings häufiger vor, dass sie inzwischen gar nicht mehr wusste, warum sie in den Keller gesteckt worden war. Das merkten wir daran, dass sie nach ihrer nervenzermürbenden Auszeit nach oben rannte und die ganze Schweinerei sofort noch einmal veranstaltete. Wir wussten, dass es bei anderen Haustieren oft ganz ähnlich lief, aber was sollte man tun? Also ging sie für die nächsten dreißig Minuten wieder in den Keller.

Das war ihr Stubenreinheitstraining.

Leicht war das alles nicht, denn es zog sich über Wochen hin, und wie bei jeder Lernerfahrung kam auf zwei Schritte vorwärts oft ein Schritt zurück. Oder auch mal auf einen Schritt vorwärts fünf Schritte zurück. Den einen Tag schienen wir erstaunliche Entwicklungen zu sehen – nur um am nächsten Tag wieder einen gewaltigen Rückschlag zu erleiden. Ich kam einfach nicht dahinter, was ich möglicherweise verkehrt machte. Gestern war doch noch alles so gut gelaufen, also was sollte das heute nun wieder?

Natürlich blieb dies nicht die einzige Herausforderung. Als ich gerade glaubte, Esther so weit zu haben, war ihre Kiste mit einem Mal zu klein für sie, oder sie fraß etwas, was sie nicht haben durfte – meistens irgendwelche Sachen von Derek, und das ging ihm natürlich gewaltig auf den Geist. Wir mussten zahllose Telefonschnüre und Ladekabel abschreiben. Leitungen hatten es ihr echt angetan, und das wurde schon sehr bald nervtötend – und teuer zudem. Und wieder wussten wir, dass sie nicht »unartig« sein *wollte* – sie handelte ganz einfach ihrem Instinkt folgend, wie es auch Hunde und Katzen tun, wenn sie im Haus irgendwas in Stücke reißen. Aber an uns war es, ihr klarzumachen, dass es mit diesen Zerstörungsorgien en gros nicht weitergehen konnte.

Also packten wir es an. Und maßregelten sie. Und sie heulte. Und wir wagten jeden Tag in der Hoffnung, dass der Stubenarrest auf ein Minimum beschränkt bleiben könnte, einen neuen Versuch.

Kurz vor Weihnachten beschlossen Derek und ich, unsere erste gemeinsame Reise seit Esthers Zuzug zu unternehmen. Wir wollten Dereks Eltern in ihrem Haus in Barry's Bay, einer kleinen Stadt zwischen Toronto und Ottawa, besuchen. Leta, meine Trainerin aus dem Fitnessclub und eine gute Freundin, fungierte oft als Babysitterin für Haustiere von Bekannten und kam auch mit Esther wunderbar aus. Sie versicherte uns, dass sie gerne auf Esther aufpassen würde und wir uns keine Sorgen machen sollten. Wir wollten drei Tage fort sein und konnten uns ausrechnen, dass es in Esthers Sanitärraum danach ziemlich übel aussehen würde. Doch selbstverständlich erwarteten wir nicht von Leta, dass sie dort sauber machte. Aber wir brauchten einfach ein paar Tage für uns selber, also überließen wir das Haus Letas Obhut.

Seit Esthers Ankunft war dies das erste Mal, dass wir uns mit einigermaßen gutem Gewissen ein paar Tage Urlaub gönnten. Ich sage »Urlaub«, obwohl es sich nur um drei Tage handelte, denn wir hatten inzwischen privat und beruflich so viel um die Ohren, dass dies wie ein richtiger Urlaub für uns war, und noch dazu einer, den wir dringend nötig hatten.

Die viereinhalbstündige Fahrt nach Barry's Bay verlief ereignislos, wie auch der Besuch selber … zunächst. Denn zwischendurch ließ Derek die Bombe platzen.

Wir müssten zusehen, dass wir Esther loswürden, erklärte er.

Nach allem, was wir mit ihr durchexerziert hatten, kann ich nicht sagen, dass mich das völlig unvorbereitet traf, aber es tat dennoch unheimlich weh, als Derek es aussprach. Ich versuchte ihn davon zu überzeugen, dass sich das regeln ließe, dass sich eine Lösung finden würde. In Wahrheit jedoch war mir tief in meinem Inneren hundeelend zumute. Ich konnte ja verstehen, warum er so dachte, aber der Rest unseres Urlaubs war mir damit verdorben. Ich dachte nur noch daran, dass Derek mir gleich nach unserer Rückkehr damit im Nacken sitzen würde, dass ich endlich unser inzwischen nicht mehr ganz so kleines Mädchen aus dem Haus schaffen sollte. Und ich wollte gar nicht erst anfangen, darüber nachzudenken, was das für Esther bedeuten würde.

Die Stimmung auf der Rückfahrt war wegen der Sache mit Esther doch ein wenig gedrückt. Wir vermieden das Thema – wahrscheinlich, weil wir eine Auseinandersetzung fürchteten –, doch wir sahen beide unserer Rückkehr nach Hause und dem, was wir dort vorfinden würden, mit gemischten Gefühlen entgegen. Ich wusste ja, dass Esther einem ganz schön zu schaffen machen konnte, aber ich hatte mir im Geiste alles so schön zurechtgelegt – wie man es halt vor sich selber rechtfertigt, wenn man sich irgendetwas auf keinen Fall nehmen lassen möchte – zum Beispiel ein paar Tage Ferien. *In letzter Zeit hat es immer gut mit ihr geklappt; es ist ja nur für ein paar Tage; was ist denn schon das Schlimmste, was passieren kann?* (Wobei man sich *das* lieber nicht fragen sollte.)

In den Tagen vor unserer Abreise hatte ich mich bemüht, Esther ein wenig mehr Freiraum zu geben. Wenn Derek nicht da war, ließ ich sie aus ihrem Laufstall und ging aus dem Haus, um ein paar Besorgungen zu erledigen. Dabei achtete ich darauf, dass ich vor Derek wieder zurück sein würde, denn ich hoffte, dann Gelegenheit zu haben, ihm zu berichten, wie vorbildlich Esther sich benommen hätte, während wir beide fort waren. Aber dazu kam es leider fast nie. Jedes dieser kleinen Experimente endete mit meinem fieberhaften Bemühen, etwas aufzuwischen, bevor Derek das Hause betrat und die Bescherung sah. Ich war die ganze Zeit damit beschäftigt, Derek Esthers Schandtaten vorzuenthalten – und das bedeutete Stress. Aber letzten Endes musste ich ihm ja beweisen, dass die vollmundigen Versprechungen (»Ich schaffe das schon, mach dir keine Sorgen, du wirst noch über sie staunen«), mit denen ich ihn in den allerersten Tagen zu beschwichtigen versucht hatte, nicht bloß leeres Gerede gewesen waren. Ich hatte es absolut ernst gemeint und keine Ahnung gehabt, was ich mir damit an den Hals holte.

Während wir unserem Ziel ständig näher kamen, schlug mir das Herz bis zum Halse. Ich hoffte inständig auf das Beste – nicht bloß, weil ich um unsere Gemütsverfassung bangte und um der Erfüllung des Wunschtraumes willen, in ein tadellos gepflegtes Haus zurückzukehren, aus dem es keinerlei Probleme zu berichten gab, sondern auch, weil ich mich fragte, was Derek tun würde, falls sich herausstellte, dass unser kleines Abenteuer ein Reinfall gewesen war. Er hatte bereits die Tür aufgestoßen, durch die Esther hinausbefördert werden sollte, und ich wollte unbedingt alles vermeiden, was ihn bewegen könnte, sie endgültig hinter ihr zuzuknallen. Ich wünschte mir nichts so sehr, wie einfach durch die Tür zu treten und eine glückliche Esther und eine ebenso glückliche Haus-Sitterin bei frohem Spiel in einem aufgeräumten Wohnzimmer vorzufinden. Vielleicht trug Esther sogar eine Schürze, weil sie während unserer Abwesenheit Kochen gelernt hatte, und legte gerade letzte Hand an ein Festmahl zur Feier unserer Rückkehr.

Aber dann kamen wir zu Hause an und damit in der Realität.

Es fällt einem nur ein einziges Wort dabei ein: *Desaster*.

Das Haus war der reinste Schweinestall. Holzspäne aus Esthers Kiste waren *überall* verstreut. Jeder Quadratzentimeter im Haus roch nach Pisse – nein, falsch: *roch* nicht, sondern *stank*, und zwar so grauenhaft, dass es einem die Tränen in die Augen trieb. Ein komplettes Fiasko.

Mir wurde speiübel. Ich ahnte, wie Derek es aufnehmen würde. Esthers Aussichten standen nicht gut.

Insgeheim hatte ich mir schon in manch stiller Stunde all jene bangen Fragen gestellt: *Werden wir sie behalten? Hätten wir sie überhaupt bei uns aufnehmen sollen? Wie groß wird sie werden? Sie hat unser Heim zerstört. Sie wird unser ganzes Leben kaputtmachen. Unsere Beziehung wird an ihr zugrunde gehen.*

Tja, nun war es passiert.

Es ist wohl an der Zeit, zu erwähnen, dass Derek stets ein penibel reinlicher Mensch gewesen ist – es grenzte bei ihm schon fast an eine Zwangsneurose. Die kleinste Unordnung ärgert ihn. Unsauberkeit bringt ihn auf die Palme. Schmutz droht ihm den Verstand zu rauben.

Und das hier war ein Schmutz, wie man ihn noch nie gesehen hatte.

Nichts erinnerte mehr daran, wie unser Haus – und unser Leben – einmal ausgesehen hatten. Es war zum Verzweifeln. Man sah Derek an, dass er den Tränen nahe war, und das brach mir das Herz. Dabei wirkte er gar nicht wütend, sondern vielmehr enttäuscht, bitterlich enttäuscht. Aber auch ich selber war natürlich außer mir. Einerseits warf ich mir vor, zugelassen zu haben, dass unser Zuhause in kürzester Zeit so zugrunde gerichtet wurde, andererseits war es mir unendlich peinlich, weil unsere Freundin nun ganz genau wusste, wie schlimm es mit Esther stand und mit was wir uns abgeben mussten.

Und so hatte Leta es recht eilig, als wir sie endlich ablösten. Sie warf mir noch schnell einen vielsagenden Blick zu, und dann überließ sie uns uns selber.

Bisher war es mir gelungen, Esthers Sauereien vor Derek zu verheimlichen, aber das hier konnte ich nicht unter den Teppich kehren.

Derek und ich gingen durchs Haus, um den Schaden zu begutachten; Esther trottete zu unseren Füßen mit. Sie hatte ja keine Ahnung, wie dicht sie davorstand, vor die Tür gesetzt zu werden. Sie zeigte ihr strahlendstes Lächeln und war wie immer neugierig und voller Energie und Lebensfreude. Als ich sie ansah, war ich mir zum ersten Mal nicht sicher, wie es mit ihr weitergehen sollte. Ich hatte das Gefühl, elendig versagt zu haben, und sie würde diejenige sein, die darunter zu leiden hätte, wenn ich es nicht wieder richtete, und zwar schnell.

Weder Derek noch ich wollten natürlich, dass unser Haus ein Ort war, bei dessen Betreten einem eine heftige Woge animalischen Gestanks entgegenschlug, aber für Derek war diese Hausbegehung einfach zu viel – besonders, nachdem Esther doch schon gute Fortschritte gemacht hatte. Selbst für mich war es hart – als Makler kriegt man es mit einer Menge Häuser zu tun, in denen es unangenehm riecht, aber man denkt ja im Traume nicht daran, dass das eines Tages auch auf das *eigene* Haus zutreffen könnte. Ich nehme da kein Blatt vor den Mund. Wenn ich aus so einem Haus komme, sage ich es laut und deutlich: »Man sollte es nicht glauben, in was für einem Scheißloch ich eben gerade gewesen bin.« Nun war mein eigenes Haus ein Scheißloch geworden, und das nicht bloß im übertragenen Sinne.

Ich glaubte, nicht tief genug in den Boden versinken zu können vor Scham.

Dann war das Souterrain an der Reihe.

Wir waren nur drei Tage fort gewesen. Überall auf dem Boden lagen Urinpfützen und Holzspäne, und weil der Boden noch nicht versiegelt war, hatte die Pisse das poröse Holz durchdrungen, und nun war das ganze Untergeschoss mariniert.

Derek griff sich die erstbesten Reinigungsmittel und machte sich auf Händen und Knien in Esthers Gehege ans Werk. Alles, was er berührte oder bewegte, war mit Urin getränkt – ihre Schlafstelle, ihre Klokiste, ihr Spielzeug. Und dann er selber auch. Er hantierte mit jeder Menge Rollen Küchentuch, Desinfektionsmitteln und Deodorantspray. Wenn er mit einer Hand voller Küchentücher zum

Mülleimer hastete, hinterließ er überall eine Tröpfelspur. Es war echt krass. An seinem Gesicht konnte ich ablesen, wie sehr es ihn demütigte. Ich wusste nicht, was ich hätte sagen sollen – aber Worte hätten hier ohnehin nichts gutmachen können. Für so etwas konnte man sich nicht einfach *entschuldigen.*

Ich glaube, wir dachten in diesem Moment beide das, was keiner von uns wirklich zugeben mochte: Wir waren ihr nicht gewachsen. Tief in meinem Herzen wusste ich, dass es so nicht weitergehen konnte, und ich wusste auch, dass Derek ähnlich empfand. Aber er wusste auch, wie ich zu Esther stand und wie nahe es mir gehen würde, und hoffte wohl, ich würde mich von selber zu der Entscheidung durchringen. Wenn ich diesen Schritt getan und erklärt haben würde, Esther hätte den Bogen nunmehr überspannt – was praktisch den Beschluss bedeutet hätte, sie aus dem Haus zu schaffen –, hätte Derek mir bestimmt ohne zu zögern beigepflichtet.

Es war eine ernüchternde Erfahrung. Ich ging zwischendurch immer wieder nach oben, um nach Esther zu schauen, während Derek im Untergeschoss schuftete. Dann sah ich sie an, wünschte mir, wir könnten wie zwei Menschen miteinander reden, wünschte mir, ihr erklären zu können, dass sie sich auf dem besten Wege befand, sich mit ihrem Gepisse und Gepupse und Gebrünste und ihrem zerstörerischen Tun einen achtkantigen Rauswurf einzuhandeln – aus *ihrem Zuhause.*

Ich versuchte sogar, durch Aussenden von Gehirnwellen mit ihr in Kontakt zu treten – in der größten Not greift man nach jedem Strohhalm – und ihr verständlich zu machen, dass es langsam bitterernst wurde und sie sich besser am Riemen reißen sollte.

Bei einem dieser Besuche bei ihr im Wohnzimmer hatte ich meinen ersten Zusammenbruch. Mein Blick ruhte auf Esther, doch mit meinen Gedanken war ich unten bei Derek. Der Mann, den ich liebte, versank im Keller bis zu den Ellenbogen in ihrem Urin – und es war alles meine Schuld. Ich setzte mich auf die oberste Treppenstufe, sah hinaus in den Garten und fing zu weinen an. Ich kam mir so vollkommen hilflos vor, an Leib und Seele gebrochen.

In der jüngsten Vergangenheit hatte ich schon bei mehreren Gelegenheiten heimlich in mich hineingeweint, wenn Derek nicht zugegen war. Ich habe geweint, weil an mir die Hauptlast des Putzens hängen blieb, es mir aber manchmal einfach zu viel wurde. Ich bemühte mich zwar, gute Miene zum bösen Spiel zu machen, weil ich es schließlich gewesen war, der Esther mitgebracht hatte – und weil ich nicht wollte, dass Derek mitbekam, wie ich manchmal kurz davorstand, durchzudrehen.

Wenn Derek sah, wie sehr ich litt, konnte das Grund genug für ihn sein, einen Schlussstrich zu ziehen, was Esther betraf. Und davor hatte ich Angst. Ich wollte sie nicht wieder hergeben. Der Gedanke, Esther zu verlieren, war mir unerträglich.

Ungefähr eine Stunde lang wechselte ich ständig zwischen oben und unten, während ihr Saustall ausgemistet wurde. Als das erledigt war, gingen Derek und ich beide nach oben und setzten uns auf die Couch. Keiner sagte etwas. Ich wagte es gar nicht erst, den Mund aufzumachen und damit möglicherweise den ersten Schritt in die

Richtung zu tun, in die es nun unweigerlich gehen würde. Doch dann wandte Derek mir das Gesicht zu, und ich konnte sie in seinen Augen sehen – die ehrliche Furcht davor, das Thema anzuschneiden, von dem wir beide wussten, dass wir uns damit würden auseinandersetzen müssen. Und ich sah noch etwas: die Traurigkeit desjenigen, der Esther inzwischen ebenso sehr liebte wie ich.

»Was sollen wir jetzt tun?«, fragte er.

Kaum war es ausgesprochen, bekamen wir beide das Heulen. Wir hatten es viel zu lange eskalieren lassen, hatten beide verhehlt, was wir dabei empfanden. Ich habe mich irgendwo in meinem stillen Kämmerlein ausgeweint – nur um später zu erfahren, dass es ihm ebenso ergangen war. Doch in diesem Augenblick fassten wir gemeinsam einen Entschluss:

Wir müssen sie loswerden.

In meiner Verzweiflung krümmte ich mich auf dem Boden zusammen und flennte wie ein kleines Kind. Shelby kam und legte sich zu mir, und eine der Katzen kletterte mir auf die Schulter. Und dann gesellte auch Derek sich zu mir auf den Teppich, und wir heulten beide, und unsere sämtlichen Tiere scharten sich um uns.

Ich weiß nicht mehr, wie lange wir so dagelegen haben.

Ich weiß bloß noch, dass es ein Gefühl war, als würde jemand sterben.

Doch nun kommt der witzige Teil. Nicht so witzig, dass es zum Totlachen wäre, aber eben doch witzig, weil es so unerwartet kam. Dieser tiefste Tiefpunkt war es, der in uns den Entschluss auslöste, Esther zu *behalten*. Die Zerstörungen, die sie überall hinterließ, machten uns natürlich zu schaffen, und es konnte so beim besten Willen nicht weitergehen. Aber was bedeutete das schon im Vergleich dazu, auf sie verzichten zu müssen! Allein die Vorstellung war bereits niederschmetternd! Und so blieb alles beim Alten: Wir würden weiterhin nach Möglichkeiten suchen, um die Probleme in den Griff zu bekommen, denn eines stand fest: Wir konnten ohne sie nicht leben. Also mussten wir irgendwie einen Weg finden, *mit* ihr zu leben.

Entweder kriegten wir das hin oder wir würden dabei zugrunde gehen.

Zunächst wurden neue Maßnahmen in puncto Stubenreinheit ergriffen. Ihre Kiste wurde abgeschafft; stattdessen wollten wir sie alle zwanzig Minuten in den Garten führen, auch dann, wenn sie gar nicht musste. Das spielte keine Rolle. Zwanzig Minuten um? Raus mit Esther.

Ich weiß, dass sich das nach einer wahnsinnig umständlichen Lösung anhört, und ich will es gar nicht bestreiten. Aber wie ich eben schon sagte – wir wollten das hinkriegen oder bei dem Versuch zugrunde gehen … Und es sah eine Weile lang so aus, als würde sich Letzteres bewahrheiten.

Wir belohnten sie anfangs mit einem Leckerli, sooft sie draußen im Garten pinkelte. Daraufhin begann sie uns zu unterstützen, indem sie sich nämlich an die Tür stellte, um uns zu zeigen, dass sie musste. Natürlich wurde sie dann erst recht belohnt, wenn sie ihr Geschäft erledigt hatte. Doch auch, wenn sie sich nicht von selber bei uns meldete, führten wir sie weiterhin im 20-Minuten-Rhythmus hinaus.

Aber dann kapierte sie, dass sie ein Spiel mit uns spielen konnte: *Wenn ich nach draußen gehe und pinkele, bekomme ich ein Leckerli.* Also wurden aus zwanzig Minuten zehn. Sie ließ sich nach draußen bringen und pinkelte ein paar Tropfen – um bloß nicht ihre ganze Munition auf einmal zu verschießen. Sie merken sicher, worauf es hinausläuft? Sie nutzte die Lage weidlich aus und verdiente sich alle zehn Minuten ein feines Leckerli. Und wir machten das Spiel eine Weile lang mit, denn sie erledigte draußen ihr Geschäft, und das war ja schließlich Sinn und Zweck der ganzen Übung.

Dann wurde sie frech.

Sie ging zur Tür und wimmerte, als müsse sie nach draußen. Also gingen wir mit ihr hinaus, und sie hockte sich auch gleich hin und *tat so*, als würde sie pinkeln; anschließend sah sie uns stolz und selbstzufrieden an und erwartete ihre Belohnung.

Ja, Esther ist nicht auf den Kopf gefallen. Meistens haben wir ihr dann ins Gesicht gelacht, weil wir das witzig fanden, aber irgendwie war es doch frustrierend – vor allem um drei Uhr morgens, wenn Esther plötzlich Lust auf einen Keks bekam, einen von uns weckte und der Unglückliche dann in Unterhosen mit ihr eine Runde durch den Garten machen musste – nur um festzustellen, dass alles bloß simuliert war. Also wurden die Leckerli ersatzlos gestrichen, und Esther kapierte es glücklicherweise irgendwann auch so.

4

Ich weiß, dass es wie ein typisches Schwulenklischee klingt, aber Derek und ich sind stets sehr stolz auf unser Heim gewesen. Es war zwar alles andere als eine Villa, aber wir hielten immer alles sauber und gepflegt (schon gut – *Derek* hielt alles sauber und gepflegt), die Einrichtung war flott und flippig, die Blumenbeete waren tadellos in Schuss, und wir hatten den schönsten Rasen der ganzen Straße – obwohl unser Nachbar Rolph da anderer Meinung sein könnte, aber er irrt sich. Wir achteten darauf, dass stets alles präsentabel war, damit jederzeit unangemeldeter Besuch vor der Tür stehen konnte, ohne dass wir in fliegender Eile aufräumen mussten. Unser Haus stand Gästen allzeit offen, und wir *liebten* es, Gäste zu haben. Wir pflegten sehr aktiv geselligen Umgang, und die kleine Menagerie, die wir uns vor Esthers Einzug zugelegt hatten, passte bestens auf sich selber auf, so dass es uns freistand, zu kommen und zu gehen, wie es uns gefiel.

Doch indem Esther an Größe zulegte, wurde es unübersehbar, dass alles nicht so bleiben konnte. Wir mussten uns ihrem wachsenden Raumbedarf anpassen, und das betraf das gesamte Interieur des Hauses. Eines Tages flog zum Beispiel eine Lampe von einem Beistelltisch herunter, und das sagte uns, dass an dieser Stelle eben kein Platz mehr für eine Lampe (oder für einen Beistelltisch) war, denn Esther brauchte hier Bewegungsspielraum, um eine andere Richtung einschlagen zu können.

Also wurde ihren zunehmenden Ausmaßen entsprechend immer wieder umgeräumt und in Sicherheit gebracht, was sie umschmeißen könnte. Und wir fanden auch nichts dabei; Veränderung schadet nicht. Derek und ich haben nie in eingefahrenen Bahnen gelebt, also machte es uns nichts aus, uns umzugewöhnen. Es war ein kontinuierlicher Lernprozess. Sooft wir fest davon überzeugt waren, alles so arrangiert zu haben, dass man damit leben konnte, fand Esther eine Möglichkeit, uns zu demonstrieren, wie falsch wir lagen. Letztendlich erkannten wir, dass es gar nicht um eine Lampe hier oder einen Beistelltisch dort ging: Wir mussten sämtliche Räumlichkeiten Esther-gerecht neu gestalten.

Dieser Augenblick der Wahrheit trat an dem Tag ein, als ich, klug, wie ich bin, beschloss einzukaufen und Esther alleine im Haus zu lassen. Ich würde ja gar nicht lange fort sein – bloß ein kleiner Sprung die Straße runter. Ich war den ganzen Tag zu Hause gewesen, und Esther hatte sich recht anständig benommen, so dass ich Gelegenheit gehabt hatte, im Haus sauber zu machen, ein wenig im Garten zu arbeiten und noch viele weitere Punkte auf der »Schatz, würdest du bitte …«-Liste abzuhaken. Ich war verdammt stolz auf mich (und darauf, wie domestiziert Esther mir erschien) und wollte diesen Tag, an dem mir alles so vorzüglich geglückt war, toppen, indem ich nur schnell ein paar Sachen besorgte, um daraus ein feines Abendessen für Derek zu zaubern, wenn er nach Hause kam.

Übermut tut selten gut.

Also verließ ich mich darauf, dass mir das Glück weiterhin hold sein würde, und fuhr zum Supermarkt. Danach machte ich mich in Hochstimmung auf den Weg nach Hause. Als ich in unsere Auffahrt einbog, sah ich, dass Dereks Wagen nicht da war; also war er wohl auch noch nicht von seiner Zaubershow an diesem Nachmittag zurückgekehrt.

Ich drehte den Schlüssel im Schloss und öffnete die Haustür – und was mich dahinter erwartete, ließ mich glauben, dass Derek Esther heimlich Zauberkunststücke beigebracht haben musste. Denn irgendwie war es ihr gelungen, sich aus ihrem Laufstall zu befreien.

Doch das bemerkte ich nicht sofort. Peinlicherweise muss ich zugeben, zunächst einmal mit beiden Armen voller Einkaufstüten eine Minute lang in Selbstbeweihräucherung auf der Schwelle verharrt zu haben angesichts des blitzsauberen Zustands, in den ich unser Haus versetzt hatte.

Doch dann fiel es mir wie Schuppen von den Augen. Das war nicht der erhabene Glanz von Bohnerwachs, sondern Öl. Mazolas bestes cholesterinfreies Pflanzenspeiseöl. Fast vier Liter. *Überall.*

Ich kann mir nicht erklären, wie sie es geschafft hat, sich an dem Ölkanister – einem mit Griff oben dran – zu vergreifen, aber jedenfalls hatte sie den Inhalt auf dem gesamten Fußboden, von der Küchenecke bis zum Flur, ausgekippt. Sogar von den Wänden lief das Öl herunter. Unser Haus sah aus, als wäre die *Exxon Valdez* hindurchgedampft und hätte eine Ölpest hinterlassen – in diesem

Fall allerdings aus Speiseöl. Die massive Kartusche war völlig verbeult und ihr Inhalt praktisch rundherum verspritzt worden.

Die Beweislage war eindeutig. Für die Spurensicherung wäre es das reinste Kinderspiel gewesen, vor allem, weil Esther – die sich vom Tatort entfernt hatte und verduftet war – augenscheinlich Wohlgefallen daran gefunden hatte, sich voller Wonne in der Suppe zu wälzen. Dort, wo sie sich in unserer Wohnküche genüsslich an der Wand gerieben hatte, glänzte die Tapete fettig. Die reinste Freude.

Ich stand sprachlos da, versuchte, mir ein Bild vom Ausmaß des Schadens zu machen, und das Herz sank mir in die Hose. Es war alles gerade so gut gelaufen. Wir hatten einen so schönen Tag gehabt. Und dann stellte sich mir schlagartig die unheilschwangere Frage:

Wo war Esther?

Ich ließ die Einkäufe auf den Tresen fallen und folgte der Ölspur aus der Küche hinaus den Flur hinunter bis zur Schlafzimmertür. (Man brauchte kein Sherlock Holmes zu sein, um einem Verdächtigen mit ölverschmierten Hufen auf der Spur zu bleiben.) Vor der Tür hielt ich einen Moment lang inne, schloss die Augen und sprach ein stummes Gebet: *Bitte lass sie nicht auf dem Bett sein bitte lass sie nicht auf dem Bett sein bitte lass sie nicht auf dem Bett sein.*

Dann öffnete ich die Tür.

Sie können sich vermutlich denken, wo Esther sich befand.

Sie hatte aber auch wirklich gründliche Arbeit geleistet, hatte sich ausgiebig gewälzt, um dafür zu sorgen, dass jeder Zentimeter der Bettwäsche gleichmäßig mit einem Ölfilm überzogen war. Und nun schlief sie – gut geölt, wie sie war. Das süße kleine Lächeln in ihrem Gesicht bot ein Bild vollkommener Zufriedenheit. Und sie schnarchte. Ich bekam fast ein schlechtes Gewissen, weil ich sie nun wecken musste. Bis ich es versuchte.

Schweineringen ist so eine Sache. Die Teilnehmer, meist Kinder oder junge Erwachsene, begeben sich in eine eingezäunte Schlammgrube und bemühen sich, über und über mit Matsch bedeckte Schweine zu fassen zu kriegen, was, wie sich bald herausstellt, gar nicht so einfach ist, dafür aber scheinbar einen gewissen Unterhaltungswert hat. Sie müssen sich jetzt bloß Öl anstelle des Schlamms vorstellen. Ich will gerne einräumen, dass Esther sich in dieser Situation nicht bewegte, denn sie schlief ja tief und fest und schnarchte vor sich hin. Aber sie ist eben auch eine richtig große Sau, und so erwies sich mein Versuch, eine ölgetränkte Esther zu greifen und sie vom Bett herunterzuwuchten, als die reinste Komödie der Irrungen – zumal ich dabei auf einem ölverschmierten Parkettfußboden stand.

Es begann mit dem Blick, mit dem sie mich strafte, weil ich es gewagt hatte, ihren Schönheitsschlaf zu unterbrechen. Und dass ich dann versuchte, sie aus dem Bett zu rollen (während unter mir meine Füße wegzugleiten drohten), nahm sie mir noch übler. Schließlich grunzte sie und schlief wieder ein.

Und man darf bei dieser ganzen Aktion eines nicht vergessen: Mir saß buchstäblich die tickende Uhr im Nacken wie im Film, wo Hochspannung aufkommt, weil der Held sich in einem verzweifelten Wettlauf gegen die Zeit befindet – rette die Welt, bevor der Asteroid sie trifft, sieh zu, dass du fliehst, ehe das Gebäude über dir zusammenkracht, unternimm schnell etwas, damit die Bombe nicht hochgeht.

Unternimm schnell etwas, ehe Derek nach Hause kommt.

Das mag sich nicht so dramatisch anhören wie die anderen drei Szenarien, aber für mich war es durchaus ein Kampf um Leben und Tod. Das Haus war verwüstet, ich hatte noch nicht einmal angefangen, das Abendessen vorzubereiten, und jeden Augenblick konnte Derek zur Tür hereinschneien. Und da war Esther, träumte ihre Schweinchenträume, schnarchte sich die Seele aus dem Leib, war sich weder des Debakels bewusst, das sie herbeigeführt hatte, noch der Tatsache, dass mein Adrenalinspiegel gerade in die Höhe schoss wie eine verzauberte Bohnenstange.

Ich versuchte mit etwas mehr Nachdruck, sie zu bewegen, stemmte mich gegen sie, wollte meine Arme unter und um ihren üppigen Körper herumwinden. Doch dann erklärte sie das Ganze zum Spiel, und wir begannen richtig miteinander zu ringen. Der Dichter George Bernard Shaw soll einmal gesagt haben, er hätte schon früh die Erfahrung gemacht, dass man sich nie auf einen Ringkampf mit einem Schwein einlassen sollte, denn erstens würde man sich dabei nur schmutzig machen, und zweitens hätte das Schwein auch noch Spaß daran. *Nie sind wahrere Worte gesprochen worden.*

Da war ich also nun, rang mit Esther um die Wette und brach dennoch mittendrin plötzlich in Lachen darüber aus, wie ich mich von ihr zum Clown machen ließ. Ich war keineswegs sauer auf Esther. Sie hatte das alles ja nicht in böser Absicht getan. Und doch war ich genötigt, mich damit abzumühen, ein riesengroßes, ölverschmiertes Schwein von meinem Bett zu wuchten. *In meinem eigenen Schlafzimmer.*

Endlich hatte ich sie vom Bett runter und fuhrwerkte herum wie ein Verrückter, um im Haus wieder Ordnung zu schaffen, ehe Derek hereinmarschiert kam. Es hatte sich alles so gut entwickelt, und ich wollte nicht, dass er diesem erneuten Rückschlag gegenüberstand. Schließlich war ja auch kaum damit zu rechnen, dass so etwas sich wiederholen könnte. Ich brauchte also nur alles zu putzen und dann so zu tun, als wäre nie etwas gewesen – musste bloß dieses Schlachtfeld in ein Fotoshooting-Objekt für ein Lifestyle-Magazin verwandeln, ehe Derek eintraf. Ich kam mir vor wie in einem jener Hollywoodfilme, in denen Teenies während der Abwesenheit ihrer Eltern das Haus auf den Kopf stellen – mit Godzilla in einer Nebenrolle.

Die Küche hatte absolute Priorität; danach waren der Flur, die Wände, das Schlafzimmer an der Reihe. Die Laken wirbelten bereits in der Waschmaschine, während ich die Küche schrubbte. Zuletzt bezog ich das Bett neu und war über mich selber erstaunt, als ich feststellte, dass ich tatsächlich alles geschafft hatte, ehe Derek nach Hause kam.

Alles, mit einer Ausnahme – Zeit, das Abendessen zu bereiten, war mir wirklich nicht mehr geblieben. Und dieses Abendessen war ja der Grund dafür gewesen, dass ich überhaupt aus dem Haus gegangen war und Esther allein gelassen hatte … und ihr so Gelegenheit gab, einmal richtig die Sau rauszulassen. Aber wenigstens war jetzt alles wieder sauber. Man kann sich darüber streiten, welche von Esthers Küchenkatastrophen alle anderen übertraf, aber ihr Super-GAU mit dem Speiseöl käme ganz bestimmt in die engere Wahl.

Jedenfalls musste ab sofort ständig jemand im Haus sein, um auf Esther aufzupassen und sie zum Beispiel vor die Tür zu führen, wenn sie pinkeln musste. Hundeklappen sind eine feine Sache, aber eine Klappe in der Tür, durch die ein ausgewachsenes Hausschwein passt, ist nicht sehr praktikabel. Und auch bei vielen anderen Dingen des täglichen Lebens wurde mit »Hurricane Esther« im Haus eine weitsichtige Planung erforderlich – etwa, wenn wir Besuch erwarteten. Das war nicht mehr so einfach wie früher. Wir mussten nun zur Wahrung der Unversehrtheit unserer Gäste und ihres Eigentums eine kleine Sicherheitscheckliste aufstellen, bevor jemand uns besuchen kommen konnte. Anstatt mit unseren Freunden entspannt ein Glas Wein zu genießen, würden wir uns fortan in einem Zustand hypernervöser Wachsamkeit befinden, um zu verhindern, dass Esther sich über eine Mappe, eine Handtasche oder einen Rucksack hermachte, die unglücklicherweise in ihrer Reichweite abgelegt worden waren.

Ja, es gab eine Menge zu tun, aber das meiste davon erledigten wir sozusagen im Vorübergehen. Wir müssen uns erst daran gewöhnen, ein Schwein im Haus zu haben, sagten wir uns; andererseits musste uns aber auch bewusst sein, dass es für Esther ebenso ungewohnt war, ein Schwein in einem Haus *zu sein*. Und da sie ja noch am Wachsen war, musste sie ständig neu lernen, in ihrer neuen Umgebung klarzukommen. Und *klarkommen* bedeutete für Esther, dass sie sich nicht daran hindern lassen wollte, ihre Bedürfnisse auszuleben. Dementsprechend mussten wir allerhand besondere Vorsichtsmaßnahmen treffen, besonders in Hinblick auf Lebensmittel.

Mülleimer wurden mit Gummibändern an den Schränken befestigt, damit sie sie nicht umschmeißen konnte. An den unteren Küchenschranktüren wurden Kindersicherungen angebracht. Wir versuchten es sogar mit Babyschutzgittern. Der Kühlschrank wurde mit Klebeband gesichert (bis heute). Da es für sie ein Leichtes war, den Backofen und sämtliche Schubladen aufzubekommen, mussten wir uns für viele Dinge Aufbewahrungsorte einfallen lassen, wo sie nicht an sie herankonnte. Trotzdem kam es immer wieder vor, dass eine Schranktür geschlossen wurde, der Schließmechanismus aber nicht ganz einrastete. Wir selber merkten es gar nicht, Esther dagegen schon, und in null Komma nichts waren Müsliflocken im Wert von 25 Dollar auf dem Fußboden verstreut.

Wenn Esther Trockengut, etwa Haferkleie oder Chips – die Liste ließe sich beliebig fortsetzen – zu fassen bekommt, gehört es *ihr*. Hat sie erst Besitz von etwas ergriffen, ist es unmöglich, es ihr wieder zu entwinden. Da führt sie sich auf wie ein Hund mit seinem Knochen. Und Esther kann wie ein großer, starker, störrischer und *sehr leicht* erregbarer Hund sein, wenn sie etwas im Maul hat, was sie als ihre schwer erkämpfte Beute betrachtet – da lässt man lieber die Finger davon. Es bleibt einem dann nichts anderes übrig, als hinter ihr herzuräumen, denn sobald Esther meint, dass man ihr etwas wegnehmen will, reagiert sie panisch und nimmt Reißaus. Dann trippelt sie mit dem, was sie gerade im Maul hat, eilig durchs ganze Haus und verstreut natürlich überall etwas davon. Und es gibt nichts, was sie aufhalten könnte.

Anfangs fanden wir es anstrengend, ständig auf sie aufpassen zu müssen – wobei nichts, was Esther anstellte, für sich genommen gar so furchtbar war: ein umgeworfener Stuhl, Gläser, deren Inhalt sich auf den Boden ergoss, lauter kleine Missgeschicke, die keinen umhauten. Doch mit der Zeit summierten sie sich.

Ich kam ein bisschen besser damit zurecht als Derek. Er stammt aus einem Elternhaus, in dem alles absolut makellos zu sein hatte. Seine Eltern stellten hohe Anforderungen, und für ihn war es eine Ehrensache, diese zu erfüllen. Wenn bei ihnen zu Hause etwas kaputtging, wurde es umgehend und fachgerecht instand gesetzt. Es kam nicht in Frage, dass irgendein Ding notdürftig mit Klebeband repariert wurde, damit es erst mal wieder eine Weile hielt. In diesem Haus konnte man vom Fußboden essen. Dementsprechend machte die Umstellung Derek ganz schön zu schaffen.

Ich glaube, sein größtes Problem war, dass er einfach nie eine Atempause hatte. Mit Esther im Haus ging beinahe täglich etwas schief. An manchen Tagen überraschte sie einen damit, der reinste Engel zu sein – unglaublich brav, so dass man schon dachte, *Mann, endlich hat sie's ge-*

packt! Aber dann folgte gleich der nächste Knaller: Ein Sack mit einem halben Zentner Basmatireis wurde in unserer Kochecke in hohem Bogen von einer Wand zur anderen geschleudert. Noch Monate danach fanden wir immer wieder irgendwo Reiskörner – es war wie beim Ostereiersuchen. Eines Tages stießen wir beim Staubwischen sogar oben auf einem (an der Wand hängenden!) Bilderrahmen auf ein paar davon. Wir versuchten, ihr beizubringen, sich bei uns im Haus nicht wie ein Schwein zu benehmen – aber die Methode, die wir dabei anwandten, musste man wohl als »Prinzip Hoffnung« bezeichnen.

In Wahrheit wurden wir die ganze Zeit an der Nase herumgeführt. Unglaublich, wie gerissen Esther ist und wie sie einen zu manipulieren versteht. Wollte man sie mit nur zwei Attributen beschreiben, läge man mit *gewieft* … und *schlitzohrig* nicht falsch. Es wird immer behauptet, Schweine seien intelligenter als Hunde oder Katzen – das ist noch weit untertrieben. Als Esther nämlich kapierte, dass es ihr Scherereien einbrachte, wenn sie sich an Essbarem vergriff, hörte sie nicht etwa damit auf, Lebensmittel zu klauen, sondern entwickelte stattdessen einen Trick, der es ihr leichter machte, ungeschoren davonzukommen: Sie verlegte sich darauf, es *schrittweise* zu tun. Im Pläneschmieden macht niemand Esther so schnell etwas vor. Selbst international operierende Banden von Juwelendieben könnten bei ihr noch etwas lernen.

Wir saßen gerade in unserer Wohnküche und sahen fern, als wir zum ersten Mal merkten, dass sie etwas im Schilde führte. Der Kochbereich ist von der Essecke durch den Küchentresen abgetrennt, so dass ich Esther nicht sehen konnte. Aber ich hörte ein Rascheln und schlich näher heran, um einen Blick zu riskieren. Ich sah, wie sie die Klapptür eines Küchenschranks öffnete, sich dann umdrehte und den Raum verließ. Das machte mich neugierig, also setzte ich mich wieder hin, wollte abwarten. Ein paar Minuten später kam sie zurück. Ich stand auf und stellte mich an den Küchentresen, so dass sie mich nicht sehen, ich aber beobachten konnte, was sie plante. Als ich mich über den Tresen beugte, hatte sie bereits ein Körbchen mit Lebensmitteln hervorgezogen, machte aber keine Anstalten, es wegzuschleppen, sondern verließ unverrichteter Dinge den Raum. Ich vermutete, dass sie mich hatte kommen hören und sich daraufhin rasch verzog, um nicht ertappt zu werden. Also stellte ich den Korb zurück in den Küchenschrank, schloss die Klapptür und setzte mich wieder vor den Fernseher.

Ungefähr zehn Minuten darauf hörte ich abermals ein Geräusch und ging zum Küchentresen. Tatsächlich stand die Schranktür erneut offen, und Esther machte sich gerade vom Acker. Ich winkte Derek zu mir heran, und wir beide postierten uns so, dass wir alles im Auge behalten konnten. Esther ließ sich Zeit; irgendwann erschien sie ein weiteres Mal in der Küche, holte ebendenselben Korb hervor und ging wieder – nach wie vor mit leeren Händen bzw. mit leeren Hufen – was auch immer.

Derek und ich sahen uns an. Was trieb sie da bloß?

Also warteten wir ab. Eine Viertelstunde später kam Esther zurück. So nonchalant wie nur möglich schlenderte sie gemütlich in die Küche und ... *ZACK!* hatte sie sich einen Beutel Pasta aus dem Korb geschnappt, machte eine Kehrtwendung, schwang die Hufe und wetzte den Flur hinunter.

Derek und ich starrten einander ungläubig an. Hatte unser Schwein soeben einen Dreiphasenplan für den Raub von ein paar Nudeln in die Tat umgesetzt?

Seit Derek und ich zusammengezogen waren, hatten wir immer Haustiere gehabt, aber das war etwas ganz Neues. Der Umgang mit Esther verlangte uns mehr ab als die Erziehung eines Hundes. Sie ist ein hochintelligentes Lebewesen mit einer eigenen Persönlichkeit, kann Gefühle zeigen und fordert uns auf Schritt und Tritt heraus. Und sosehr sie einem damit auch auf den Geist gehen kann – sie erwies sich als ein bewundernswerter Kontrahent, dem man Respekt zollen musste.

Und sie ist eine glänzende Schauspielerin, eine Diva, die sämtliche Register ihrer Kunst zieht und genau weiß, wie man melodramatische Effekte erzielt, um das Publikum einzuwickeln. Sie ist die schweingewordene Version der Schauspielerin Jessica Lange in der Fernsehserie *American Horror Story*.

Wie sie zum Beispiel am Fußboden saugt. Das macht sie immer, wenn sie ein Pfefferminzbonbon im Maul hat. Sie senkt den Kopf und drückt den Rüssel auf den Boden, als hätte er sich daran festgesogen. Während ihrer bis ins Detail geplanten Raubzüge nach Essbarem verfällt sie ab und zu in diese Stellung, um sich den Anschein zu geben, sie würde bloß abhängen und könne kein Wässerchen trüben: *Flöt, flöt, ich bin ja bloß ein Schweinchen, das ein bisschen chillt, und habe bestimmt nichts Böses vor, also kümmert euch gar nicht um mich.*

Bisweilen kann unsere Esther die reinste Nervensäge sein, aber dann versetzt sie uns doch damit in Erstaunen, wie schlau sie ist – was sie gerne unter Beweis stellt, indem sie sich als Nervensäge betätigt. Man könnte auch sagen, dass sie es faustdick hinter den Ohren hat. Doch trotz der kleinen Kopfschmerzen, die sie uns im Verlaufe des Tages immer wieder bereitet, sucht sie am Ende doch unsere Nähe und möchte mit uns kuscheln. Und das bestätigt mir stets aufs Neue, dass Esther trotz ihrer etwas erdrückenden Präsenz in unserem kleinen Haus das bezaubernde Schweinchen geblieben ist, das nichts so sehr liebt, wie neben uns auf dem Bett zu liegen und beim Schlafen das Gesicht unter einem unserer Arme zu vergraben. Ich schmelze dahin, wenn sie das tut. Und wer täte das nicht? Sie ist wirklich ein riesengroßes Baby, das um Aufmerksamkeit und Zuneigung buhlt. Und wenn wir uns dann vorstellen, wie ihr Leben *ohne uns* ausgesehen hätte, bestärkt uns das noch einmal in unserem Willen, ihr das beste Leben zu ermöglichen, das wir ihr bieten können – und sie dabei *ganzheitlich* zu betrachten und sie nicht bloß daran zu messen, womit sie uns das Leben schwer macht. Sie ist ja kein normales Haustier wie etwa ein Hund; ihr Schicksal hatte es sein sollen, auf jemandes Speiseteller zu enden – oder vielmehr wohl auf den Tellern mehrerer Personen. All unser kleines Kopfweh ihretwegen war die reinste Lappalie im Hinblick darauf, dass wir dieses unglaubliche Wesen vor einem solchen Schicksal bewahrt haben.

Während wir das Haus Esther-gerecht umgestalteten, bekamen wir nach und nach mit, in was sie ihren kleinen Schweinerüssel hineinstecken konnte und in was nicht.

Um es kurz zu machen: Es gibt fast nichts, in das sie ihn *nicht* reinkriegt.

Ein großer Stein des Anstoßes machte bei dieser Gelegenheit auch mal wieder von sich reden: Esthers Wasserschüssel. Bei unseren diversen Kämpfen mit ihr haben wir an diesem Punkt beinahe kapituliert. Esther fand nämlich eine Zeit lang Gefallen daran, ihre Wasserschüssel umzuwerfen – und sie hat eine *gewaltige* Schüssel, in die eine *Menge* Wasser hineinpasst. Wir können uns bis heute nicht genau erklären, warum ihr das so viel Spaß bereitete; vielleicht tat sie es einfach nur, *weil ihr danach war* – so, wie sich Hunde gerne ihre intimen Bereiche lecken. Jedenfalls: Alles war nass.

Zunächst schien die Lösung einfach. Wenn man nicht allzu viel Wasser in die Schüssel füllte, entstand auch keine so große Pfütze. Logisch. Also besorgten wir einen Wasserspender, der automatisch Trinkwasser nachfüllte, sobald der Wasserstand in der Schüssel sank. Ein einfaches Patent. So war die Schüssel nie randvoll. Sicherheitshalber wurde der Spender mit Expanderseilen an einem der Küchenschränke befestigt. Das funktionierte gut, bis die Gepäckspanner etwas von ihrer Spannung verloren und Esther ihren Rüssel unter den Wasserspender schieben konnte.

Sie merken sicher schon, worauf es hinausläuft.

Es war ein schöner Schlamassel, als sie eines Tages den ganzen Wasserspender umschmiss. Noah hätte seine liebe Not mit einer Flut solchen Ausmaßes gehabt. Wasser ergoss sich über den gesamten Küchenfußboden und floss bis in den angrenzenden Wohnbereich, so dass die Hunde und die Katzen auf die Couch springen mussten, um sich in Sicherheit zu bringen. Reuben zog sich schließlich ins Schlafzimmer zurück, Shelby wirkte geradezu traumatisiert, und inmitten des Ganzen ließ Esther sich unbekümmert hinplumpsen, als wäre dies der größte Tag ihres Lebens – was er für sie vermutlich auch war.

Wir stellten uns auch dieser Herausforderung – oder vielmehr übernahm Derek das; er ist der handwerklich Geschicktere. Das hat er von seinem Vater. Derek beschloss, eine Wasserschale an der Wand festzuschrauben. *Soll sie doch versuchen, die umzuwerfen.* Ich weiß noch genau, wie er mit vor der Brust verschränkten Armen dastand und ausgesprochen selbstzufrieden war – und dann sein ungläubiger Blick, als Esther kurzerhand die Haltebolzen aus der Wand riss und die Schüssel umstieß. Wobei daran erinnert sei, dass Wasserschüsseln für Schweine mindestens zehn Liter enthalten.

Wir versuchten es mit einer sehr großen und sehr flachen Schale, etwa fünfundsiebzig Zentimeter im Durchmesser und gerade mal siebeneinhalb Zentimeter hoch, bei der sie kaum eine Hebelwirkung würde ansetzen können, um sie umzuwerfen. Doch inzwischen können Sie sich wohl denken, wie auch das ausgegangen ist.

Was dem Spuk ein Ende bereitete (und ich weiß bis heute nicht, wieso), war ein Schuss Limonade, den wir ihrem Trinkwasser beimengten. Komisch, nicht wahr? Wir kamen darauf, als Esther sich eines Tages ein wenig unwohl fühlte. Zum ersten Mal pickte sie lustlos an ihrem Fressen herum. Sie bewegte sich auch viel langsamer und ließ den Kopf tief herunterhängen. Sie sah genauso aus, wie ich mich *fühle*, wenn ich krank bin. Sie grunzte und schnaubte auch leise vor sich hin und wirkte teilnahmslos. Es war ein merkwürdiger Blick in ihren Augen und ein Ausdruck in ihrem Gesicht, den ich gar nicht von ihr kannte. Das war nicht unser fröhliches Mädchen. Sie wirkte niedergeschlagen, ließ ihren üblichen Erkundungsdrang vermissen und zeigte kaum Interesse daran, nach draußen in den Garten zu gehen. Stattdessen schlich sie nur langsam im Haus herum, machte dabei ihre komischen Geräusche und verharrte an sonderbaren Stellen, als fände sie sich nicht mehr zurecht und wäre auch ansonsten nicht gut beieinander.

Während dieser Phase des Unwohlseins änderten sich vor allem ihre Trinkgewohnheiten. Normalerweise *liebte* sie Wasser – zum Trinken und um darin zu schwimmen –, und als sie überhaupt keine Flüssigkeit mehr zu sich nehmen wollte, wussten wir, dass definitiv etwas nicht stimmte. Ich war vollkommen aufgelöst, wollte unbedingt wissen, was ihr fehlte, um ihr helfen zu können. Aber es war bei ihr wie mit jedem anderen Tier – oder eben auch einem kleinen Kind. Wenn man mit dem Patienten nicht kommunizieren kann, fühlt man sich total hilflos. *Was war nur los mit unserer Lady?*

Ich holte umgehend fachlichen Rat ein, wie es besorgte Eltern tun, die alleine nicht mehr weiterwissen. Der Tierarzt sagte, Schweine seien ebenso anfällig für gewisse Krankheiten, zum Beispiel Erkältungen, wie wir Menschen, und Esther hätte sich wahrscheinlich ein Virus eingefangen, also sollten wir darauf achten, dass sie genügend Flüssigkeit zu sich nahm. Wir hatten irgendwo gelesen, dass man einen Schuss Limonade in die Wasserschüssel tun sollte, wenn man glaubte, das Tier würde an Dehydratation leiden. Das taten wir, und siehe da, sie trank davon. Und was genau so wichtig war: Sie warf die Schüssel *nicht* um. Also schütteten wir Limonade nach, Esther trank weiter, und schon bald hatte sie das Virus aus ihrem Körper herausgespült.

Unsere kleine Prinzessin war wieder froh und gesund. Ich war erleichtert. Ich war überglücklich.

Also fügten wir ihrem Wasser auch keine Limonade mehr zu.

Prompt weigerte sie sich, davon zu trinken.

Und das war noch nicht alles. Wie Sie wohl schon vermutet haben, ging sie wieder dazu über, die Schüssel umzuwerfen. Aber sobald etwas Limonade hinzukam, war alles paletti. Reines Leitungswasser für unsere Lady? *Igitt.* Die Schüssel landete kopfüber auf dem Fußboden, und ihre beiden Herrchen wurden mit einem strafenden Blick bedacht.

Also bekommt sie nun immer Wasser mit einem Schuss Limonade darin, und alle sind glücklich. Ich weiß zwar nicht genau, wer hier jetzt wen erzieht, aber sei's drum. Jedenfalls wird das seitdem so gehandhabt.

Doch wie es halt so ist – sooft wir glaubten, endlich alles im Griff zu haben, wurden wir eines Besseren belehrt. Nächstes Beispiel: Einkäufe, die auf der Herdplatte abgelegt werden. (Diejenigen unter Ihnen, die einen großen Hund besitzen, ahnen bestimmt schon, was jetzt folgt.) Wir wussten ja, dass sie sich Zugang zu den unteren Küchenschränken verschaffen konnte und dass das unterhalb des Kühlschranks befindliche Gefrierfach mit Klebeband gesichert werden musste, aber wir wären nie auf die Idee gekommen (später ist man immer klüger), dass sie auch Lebensmittel erreichte, die oben auf dem Herd lagen. Sie können sich meine Verblüffung vorstellen, als ich eines Tages in die Küche kam und Esther mit ihren vorderen Hufen auf dem Herd vorfand – sie hatte sich so gestreckt, dass sie beinahe so groß war wie ich selber, und wühlte mit dem Rüssel in der Einkaufstasche. Ich brüllte ihren Namen, und sie fuhr erschrocken zusammen.

Dies war eine der vielen Gelegenheiten, bei denen wir auf schmerzhafte Weise erfahren mussten, dass man Esther nie erschrecken sollte. Denn bei ihrem Versuch, sich aus der Situation herauszuwinden, brachte sie es fertig, *den Küchenherd mit sich umzureißen*. Ich weiß nicht, was ihr einen größeren Schrecken eingejagt hat – mein Geschrei oder das Krachen des umfallenden Herdes mit all den Einkäufen darauf. Jedenfalls flitzte sie davon und den Flur hinunter.

Fortan hatten wir einen Sprung in der Glastür unseres Herdes. Die Gefrierfachklappe schloss auch nicht mehr richtig, weil Esther sie dreißigmal am Tag auffummelte, und zwar bloß, weil wir irgendwann mal Lebensmittel darin aufbewahrt *hatten*: Esther vergisst nichts. Erinnerungen an Köstlichkeiten wie gefrorene Sojabohnen spuken ihr immer noch im Kopf herum, aber wenigstens hat *sie* schöne Erinnerungen daran – wir erinnern von der Episode nur, dass Esther sich in die eine Seite des Beutels verbissen hatte und wir gemeinsam an der anderen zerrten und keiner nachgeben wollte, bis der Beutel in der

Mitte durchriss und Sojabohnen durch die Küche flogen. Hallelujah!

Aber wir haben unsere Lektionen gelernt – auch wenn wir manche mehrfach wiederholen mussten –, und dazu gehörte, dass uns endlich klar wurde, dass wir in der Küche *rein gar nichts* in ihrer Reichweite aufbewahren durften. Und bis zum Tage unseres Auszugs aus dem Haus mussten wir den Kühlschrank mit transparentem Packklebeband sichern, weil sie immer wieder versuchte, ihn zu öffnen – so, wie wir Menschen alle mal im Kühlschrank nachschauen, ob sich dort nicht eventuell ein Leckerli findet, obwohl wir genau das gerade erst vor einer Stunde zuletzt getan haben. Es ist, als würden wir hoffen, dass wie durch Zauberei etwas darin aufgetaucht sein könnte, was vorher noch nicht da war.

Wenn wir versuchten, es mit Esthers blitzschnell berechnendem Verstand aufzunehmen, wurde daraus ein geistiger Wettstreit. Sie lernte so schnell dazu, dass es beinahe ein Anlass zum Feiern war, wenn es uns einmal gelang, sie auszutricksen. Es war schon fast peinlich: Zwei erwachsene Männer möchten am liebsten einen Sektkorken knallen lassen, weil sie nach langem Probieren das beste Klebeband gefunden haben, um ein Schwein vom Inhalt ihres Kühlschranks fernzuhalten. Aber Esther ist eben so clever, dass es manchmal mehrerer Versuche bedarf, bis etwas die gewünschte Wirkung zeigt. Es war wie ein Spiel geworden, und wir waren froh über jeden Sieg, den wir davontrugen. Denn so übertrieben manche (oder sämtliche) unserer Vorsichtsmaßnahmen auch sein mochten … Esther ist und bleibt unser Schatz. Wenn sie einem mit ihrer Schnauze ganz nahe kommt, weil sie unsere Nähe sucht und uns sagen möchte, dass sie unsere Liebe erwidert, gibt es nichts Schöneres auf der Welt. Sie war all unsere Bemühungen vom ersten Moment an wert – und noch viel mehr.

5

Weihnachten stand vor der Tür, und Esther wog nun an die zweihundert Kilo. Dies ist natürlich die Zeit des Jahres, in der man versucht, Versäumtes aufzuholen – es gibt ja sogar noch Zeitgenossen, die sentimentale Rundbriefe an all ihre Angehörigen schreiben. Dabei sollte eigentlich jeder längst wissen, was man so treibt, weil sie einem in den sozialen Netzwerken folgen – schon mal gehört? Von Esther wussten die Leute zwar, dass sie bei uns war, aber wenig *über* sie, und viele Bilder von ihr hatte auch noch niemand zu sehen bekommen, weil wir ihre Anwesenheit nicht in alle Welt hinausposaunen wollten.

Der Grund für diese Geheimniskrämerei lag darin, dass das Halten von Hausschweinen in Georgetown illegal ist, denn sie gelten als »Huftiere«, und es gibt eine Verordnung, derzufolge man keine Nutztiere als Haustiere halten darf. Die Definition von »Nutztier« mag von Ort zu Ort variieren, aber die Hufe sind das, womit man sich immer Schwierigkeiten einhandelt. Selbst mit der schmerbäuchigsten Sau setzt man sich in die Nesseln, weil Hufe nicht im Haus erlaubt sind, also hielten wir uns eher bedeckt, was Esthers Existenz betraf.

Als Amanda mich seinerzeit gefragt hatte, ob ich Esther würde haben wollen, hatte ich mich in Windeseile mit den hiesigen Vorschriften und Verordnungen zur Haltung von Schweinen vertraut gemacht und so bereits gewusst, dass es uns eigentlich nicht erlaubt war, sie bei uns aufzunehmen. Aber inzwischen ist Ihnen bestimmt aufgegangen, dass ich das beste lebende Beispiel dafür abgebe, dass man lieber hinterher um Verzeihung bittet, als vorher eine Erlaubnis einzuholen.

Aber da Esther doch so klein war – und weil ich in meiner Naivität natürlich glaubte, sie würde so bleiben –, dachte ich, dass wir sie problemlos vor dem gestrengen Auge des Gesetzes verbergen könnten. Und falls doch nicht, würde ich mich für meine Unwissenheit entschuldigen (siehe oben) und den Dummen spielen: »Hufe, sagen Sie? Ach nein, Sie nehmen mich doch sicher auf den Arm! Man darf in unserer Stadt keine Schweine halten? Davon hatte ich nun echt keine Ahnung!«

Ich nahm mir vor, zum Schutz vor neugierigen Blicken einen Holzzaun um unser Grundstück zu ziehen, und falls doch mal jemand Esther erblicken sollte, würde derjenige sie angesichts unserer beiden Hunde hoffentlich für eine Welpe halten. Eine rosafarbene Welpe. Mit einer kleinen, breiten Schnauze. Abgesehen davon hatten wir ein großartiges Verhältnis zu fast allen unseren Nachbarn, also war nicht zu befürchten, dass sie uns Schwierigkeiten machen würden.

In Einklang mit unserer Geheimhaltungstaktik bekamen nur unsere besten Freunde und unsere nächsten Angehörigen Esther zu sehen. Wir hatten vor, extra für sie eine Facebook-Seite über Esther ins Netz zu stellen. So konnten wir Freunde und Verwandte, die wir nicht so oft zu Gesicht bekamen, über ihre Erlebnisse auf dem Laufenden halten, ihnen Fotos zeigen und ihnen einen Eindruck davon vermitteln, wie es war, mit Esther zusammenzuleben. Statt *wir* sollte ich vielleicht lieber *ich* sagen, denn (ich hoffe, Sie sitzen bequem) ich erzählte Derek nichts davon – ich stellte die Seite ins Netz, als er sich eines Abends gerade umzog, weil wir eingeladen waren. Ich weihte ihn erst ein, als wir später im Auto saßen.

Es mag überspannt erscheinen, eine Facebook-Seite ausschließlich einem Schwein zu widmen, aber es war mir wichtig, die Menschen, die uns am nächsten standen, daran teilhaben zu lassen, wie Esther unser Leben verändert hatte. Der erste Beitrag war sehr allgemeiner Natur; ich hatte Esthers »Stimme« noch nicht gefunden, also postete ich bloß zwei oder drei Fotos, die ich bei uns im Haus aufgenommen hatte, eines davon untertitelt mit *Was denn, noch nie ein Schwein im Haus gesehen?* Es gab bis dahin keine Richtung; ich wusste nicht so recht, was ich eigentlich vorhatte oder dass daraus überhaupt eine große Sache werden könnte.

Lassen Sie mich berichten, wie es zu Esthers Facebook-Eintrag gekommen ist: An dem Abend, an dem ich die Seite ins Netz gestellt habe, waren Derek und ich bei meiner Tante Erin und meinem Onkel Stu in ihrem Haus in Orangeville eingeladen. Es war der 4. Dezember 2013. Derek war noch dabei, sich anzuziehen, und ich bastelte auf Facebook an der Seite für mein Maklergeschäft. Ich war vertraut damit, auf Facebook eine Seite zu gestalten, und ich hatte auch die App auf meinem Smartphone, und da bin ich auf die Idee mit der Facebook-Seite für Esther gekommen, denn das konnte ich buchstäblich von meiner Couch aus und nur mit Hilfe der Fotos in meinem Handy erledigen.

Ich war noch mit der Seite beschäftigt, als Derek bereit zum Aufbruch war und nun *auf mich* warten musste. Er stellte sich neben mich und klopfte nervös mit dem Fuß auf den Boden, während ich letzte Hand an Esthers Facebook-Seite legte. Dieser erste Beitrag bestand, wie gesagt, nur aus zwei oder drei Bildern. Ich hatte gar nicht groß darüber nachgedacht, was ich da tat, denn wer würde sich das schon ansehen? Als Derek dann in Hut und Mantel in der Tür stand und mir zurief, dass es jetzt allerhöchste Zeit sei, sagte ich mir bloß, *ach, warum nicht*, gab mein Passwort ein, ging auf »Go Live«, und das war's. Wir stürzten in dem Wissen, dass wir auf jeden Fall zu spät zum Abendessen kämen, Hals über Kopf aus der Tür und rasten nach Orangeville.

Ich saß am Steuer. Wir waren erst ein paar Minuten unterwegs, als ich Derek sagte, er solle doch mal sein Smartphone hervorholen. Normalerweise würde ich so etwas nicht tun, denn wenn *ich* fahre und *er* sich mit seinem Handy beschäftigt, komme ich mir vor wie ein Chauffeur. Doch ich war so gespannt auf seine Reaktion, dass ich nicht länger warten mochte. Er sah mich verdutzt an, also erklärte ich es ihm.

»Esther hat jetzt eine eigene Facebook-Seite.«

Er schaute noch verständnisloser drein.

»Hat sie sie selber reingestellt?«, fragte er dann, denn nun war ihm aufgegangen, mit was ich mich vor unserem Aufbruch beschäftigt hatte.

Derek ging auf die Seite, las sich Esthers Kurzbiografie durch und sagte sofort, dass er gerne noch dieses oder jenes hinzufügen wollte, also machte ich ihn zu meinem Administrator, indem ich ihm mein Handy reichte und sagte, er solle sich keinen Zwang antun. Gleich legte er los. Während der Fahrt bekamen wir schon die ersten *Likes* und Kommentare, die Derek laut vorlas. Wir hatten viel zu lachen. Wir diskutierten die verschiedenen Möglichkeiten, die Seite weiter einzurichten, und konnten uns nicht entscheiden, ob wir Esther als »Tier« oder als »Persönlichkeit des öffentlichen Lebens« listen sollten. Schließlich einigten wir uns auf »Tier«.

Wir ahnten ja nicht, was noch alles auf uns zukam.

Als wir nach einer Fahrt von nur einer Dreiviertelstunde Orangeville erreichten, folgten der Seite bereits über hundert Leute. Wo kamen diese ganzen *Likes* und Kommentare her, wie konnte das so schnell gehen? Nach dem Essen warf ich noch einmal einen Blick auf die Seite, und wir hatten bereits über 150 Likes. Und das bereits nach ein paar Stunden! Ich geriet ganz außer mir vor Aufregung und dachte, *huh, das geht ja richtig ab!* Ich zeigte die Seite meinem Onkel, denn er gehörte ja zu den Menschen, für die wir sie geschaffen hatten. Auch er konnte sich nicht erklären, woher diese hundertfünfzig Fans von Esther kamen.

Mein Onkel und meine Tante sind echt witzige Leute. Sie haben beide einen großartigen Sinn für Humor. Stu hat immer die tollsten Geschichten auf Lager, und meine Tante Erin schließt sich ihm an, schüttelt zwischendurch den Kopf und lacht mit uns anderen. Ihr sonniger Humor brachte es übrigens auch mit sich, dass sie es einfach zu köstlich fanden, dass ich von Amanda aufs Kreuz gelegt worden war und wir nun ein Riesenschwein in unserem kleinen Haus hatten. Bis zum heutigen Tage sage ich scherzhaft zu ihnen, sie seien Esthers Pateneltern.

Während wir bei Tisch saßen, fügte ich ein weiteres Foto auf der Facebook-Seite hinzu und schlich mich zwischendurch aus dem Zimmer, um zu schauen, wie viele neue Likes dazugekommen waren und wie die jüngsten Kommentare lauteten. So viele Namen erschienen, die mir absolut nichts sagten – neben denen früherer Kumpel, von denen ich längst vergessen hatte, dass ich je mit ihnen befreundet gewesen war. Als wir uns von meinem Onkel und meiner Tante verabschiedeten, hatte die Seite schon fast dreihundert Likes erhalten. Am nächsten Morgen waren es tausend; am Tag darauf zweitausend. Und da ging es erst richtig los.

Wir konnten uns nicht erklären, was da ablief und wieso. Tatsächlich hatten sich unsere meisten *Follower* während der ersten zwei oder drei Tage eingestellt, und zwar in erster Linie durch einen Freund von mir, der bei einer Organisation namens *Toronto Pig Save* mitarbeitet und unsere Seite mit seinen Mitstreitern geteilt hatte. Der erste Anstoß war also von Tierschützern gekommen, aber es gab auch viel Zuspruch von Vegetariern und Veganern. Danach erst begann uns die Allgemeinheit zu bemerken und Esther in ihr Herz zu schließen. Und so war die Seite binnen kürzester Zeit in aller Munde.

Hört sich doch toll an, nicht wahr?

Nun ja…

Nach ungefähr zehn Tagen bekamen wir kalte Füße. Esthers Seite hatte nun mehr als sechstausend Follower. Für mich, der ich aus einer Kleinstadt stammte und in den drei Jahren, während der die Facebook-Seite für mein Maklergeschäft existierte, gerade mal zweihundertfünfzig Follower zusammenbekommen hatte, erschienen sechstausend Menschen fast wie die halbe Welt. Und daraus konnte sich ein großes Problem entwickeln, denn es war ja gegen das Gesetz, Esther bei uns im Haus zu haben, und angesichts unseres großen Kreises von Anhängern mussten wir uns Sorgen machen, dass die falschen Leute auf Esther aufmerksam wurden – Mitarbeiter des Bauamts zum Beispiel, die genau wussten, dass es uns gar nicht erlaubt war, Nutztiere zu halten.

Sie mögen sich jetzt fragen, warum ich denn überhaupt erst eine Facebook-Seite mit Esther ins Netz gestellt habe. Warum haben Sie mich nicht gleich gewarnt? Bin ich Mark Zuckerberg? Sie kennen mich doch inzwischen und wissen, dass ich immer tue, was mir gerade in den Sinn kommt – ohne dabei die Konsequenzen zu bedenken.

Ich war außerdem naiv genug zu glauben, dass all diese paar tausend Leute ausnahmslos aus Georgetown stammten und uns möglicherweise verpfeifen konnten. Ich war fest überzeugt, dass bald sämtliche Ordnungshüter der Stadt bei uns aufkreuzen und Esther in einem Lieferwagen abtransportieren würden. Ich habe eben schon immer eine lebhafte Fantasie gehabt. Also erwog ich, die Löschung des Facebook-Kontos zu beantragen. Ich machte einen Termin bei einem Anwalt, um auszuloten, wie tief die Grube war, die ich für uns gegraben hatte.

Der Anwalt bestätigte, dass es uns nicht gestattet war, Esther zu halten, aber er ging auch die ganze Situation in allen Einzelheiten mit uns durch. Seiner Meinung nach würde es etwa acht Monate dauern, bis die Stadt uns zwingen konnte, Esther abzuschaffen. Zunächst würden wir einen Bußgeldbescheid bekommen, meinte er. Den würden wir dann bezahlen, aber Esther natürlich trotzdem behalten. Also würde auf den ersten ein zweiter Bescheid folgen, gegen den wir Rechtsmittel einlegen und dann in das übliche Hickhack bei Gericht verwickelt würden, bis letztendlich eine Anordnung von der Stadt erteilt würde, Esther herzugeben.

Obwohl der Anwalt also keine Entwarnung hatte geben können – nicht, dass wir Grund gehabt hätten, eine solche zu erwarten –, hatte sich das Gespräch doch schon dadurch gelohnt, dass wir nun wussten, dass die Stadt nicht aus heiterem Himmel jemanden schicken konnte, der uns Esther kurzerhand wegnahm. Genau davor hatte ich nämlich Angst gehabt, seit die Facebook-Seite wie eine Bombe eingeschlagen war. Falls jemand von der Stadtverwaltung die Sache aufgriff und Druck machte, konnte es sich also hinziehen, bis etwas passierte. Es würde nicht unvermittelt über uns hereinbrechen.

Wir wussten also nun, dass uns acht Monate blieben, uns eine Lösung einfallen zu lassen, gerechnet von dem Zeitpunkt an, zu dem die Stadt an uns herantrat, und das hatte sie bis jetzt ja noch gar nicht getan. Aber wir wollten auf alles vorbereitet sein. Derek und mir war bewusst, dass wir wahrscheinlich ohnehin bald umziehen müssten. Esther wuchs ja immer noch, und wir hatten keine

Ahnung, wie groß sie letztlich werden würde. Also hatten wir bereits beschlossen, uns nach einem kleinen Eigenheim auf dem Lande umzusehen. Das verlieh dem Vorhaben irgendwie ein offizielles Zeitfenster.

Nichtsdestotrotz war uns bewusst, dass wir uns eine Menge Ärger einhandelten, wenn wir uns über bestehende Verordnungen hinwegsetzten – wir würden Anwaltskosten bezahlen müssen, die wir uns keinesfalls leisten konnten, und mit einer Klage vor Gericht gehen, die letzten Endes abgewiesen würde. Wenn wir vor Gericht den Kürzeren zogen, würden wir entweder fortziehen oder, um in Georgetown wohnen bleiben zu können, Esther aufgeben müssen – wobei das Letztere für mich selbstverständlich nie in Betracht gekommen wäre.

Falls doch der Umzug drohte, warf das wieder neue Probleme auf. Wo würden wir ein Haus mit Grundstück finden, das weit genug von der Stadt entfernt war, damit Esther dort leben durfte, von dem aus wir aber beide weiterhin unserer Arbeit nachgehen und das wir uns vor allem auch leisten konnten? Georgetown ist ein ziemlich teures Pflaster, also würde ein »Landsitz« in einem der Vororte entweder eine Bruchbude sein oder sich direkt neben einer Tankstelle befinden oder wäre aus irgendwelchen ähnlichen Gründen inakzeptabel.

Trotzdem erwogen wir das Pro und Kontra, als wir die Anwaltskanzlei verließen, und entschlossen uns, die Esther-Seite beizubehalten. Letztlich wussten wir ja, dass wir Esther nie aufgeben würden; also *mussten* wir einfach etwas finden, wo wir alle glücklich leben konnten. Früher oder später würden wir Erfolg haben. Not macht erfinderisch, und wir waren fest entschlossen, aufs Tempo zu drücken, um möglichst bald zu einer Lösung zu gelangen.

Die Anhängerschaft unserer Facebook-Seite verzeichnete inzwischen astronomische Zuwachszahlen. Tausenden und Abertausenden Leuten gefiel die Seite, und sie alle schwärmten von Esther. Mit so etwas hätten wir nie gerechnet. In der ersten Januarwoche 2014 standen dann auch schon Reporter vor der Tür, und der *Toronto Star* brachte ganzseitige Beiträge über Esther. Wir waren also durch unsere Facebook-Seite zu einem gefundenen Fressen für die Medien geworden, und an diesem Punkt sagten wir uns: *Komme, was wolle, wir ziehen das jetzt durch.*

Mit einem Mal (rechnerisch gesehen waren es ungefähr fünfundvierzig Tage) hatten wir dreißigtausend Follower und begriffen immer noch nicht, woher der ganze Rummel rührte. Wir konnten uns einfach keinen Reim darauf machen, warum um unsere Geschichte so ein Wirbel veranstaltet wurde.

Obwohl Esthers Seite ungemeine Popularität genoss, blieb uns bei näherer Betrachtung nicht verborgen, dass es ihr immer noch an einer Botschaft, einer Stoßrichtung fehlte. Da wir eine besonders starke Gefolgschaft unter den Veganern hatten, beschlossen wir, der Seite einen noch größeren veganen Touch zu geben. Wir erstellten vegane Memos und veröffentlichten Beiträge über empfehlenswerte pflanzliche Produkte für den Speiseplan. Doch schon bald mussten wir feststellen, dass sich vegane und nicht vegane Kommentatoren gegenseitig die Köpfe einzuschlagen begannen. Damit hatten wir nicht gerechnet, und es gefiel uns auch kein bisschen.

Wir hatten ohnehin starke Vorbehalte gegen das, was wir die *vegane Fundi-Bewegung* nennen. Selber bezeichnen diese Leute ihr Vorgehen als »*Abolitionist Approach to Animal Rights*«, was eigentlich nur bedeutet, dass sie sich gegen jegliche Ausbeutung von Tieren einsetzen. Gegründet wurde diese Bewegung von Menschen, denen ich keinerlei böse Absichten unterstelle, bloß ein gewisses Schwarz-Weiß-Denken und ziemlich radikale Vorstellungen im Hinblick darauf, was als positive Veränderung erstrebenswert ist. Anhänger dieser Bewegung posteten immer wieder Kommentare auf unserer Seite und kritisierten uns für das, was wir taten. Und sie kritisierten sogar unsere Follower für das, was *sie* taten. Im Grunde genommen missbrauchten sie uns als Plattform für ihre Agenda und wirkten abschreckend auf diejenigen User, die lediglich wissen wollten, wie es mit Esther weiterging.

Da postete zum Beispiel eine Frau: »Ich wollte euch bloß sagen, dass ich dank Esther ab jetzt auf Schweinefleisch verzichte!« Das tat uns so gut. Wir ahnten ja noch nichts von dem, was wir später den »Esther-Effekt« nennen würden, und fanden, dass die Frau das Richtige und einen Sprung nach vorne getan hatte – und das wollten wir ihr mitteilen. Also schrieb ich: »Glückwunsch, das war ein wichtiger Schritt!« Aber den Hardcore-Veganern reichte das längst nicht. Sie fielen über die Frau her, weil sie *nur* auf Schweinefleisch verzichtete – und über uns, weil wir sie auch noch darin bestärkten.

Um eines klarzustellen: Zu diesem Zeitpunkt lebten Derek und ich längst vegan, also wollten wir keineswegs, dass die Leute es dabei beließen, einfach auf Schweinefleisch zu verzichten. Im Idealfall sollten unsere Anhänger sämtliche tierischen Produkte von ihrem Speiseplan streichen. Aber warum musste man jemanden dafür geißeln, die richtige Richtung eingeschlagen zu haben? Ich versuchte, mich in die Lage der betreffenden Person zu versetzen. Wenn ich zum Beispiel auf einer Facebook-Seite den Kommentar hinterließe, dass ich es den Betreibern dieser Seite verdanke, dass sich dies oder das in meinem Leben geändert hätte, und besagte Betreiber mir antworten, das sei aber nicht genug, ich müsse außerdem noch dies und dies und dies tun – würde ich dann nicht sagen: *Ach, ihr könnt mich mal …!* Und schon hätten die einen Unterstützer weniger.

Also beglückwünschten wir die Leute auch weiterhin zu den kleinsten Erfolgen. Und wurden dafür beschimpft. Die Hardliner-Fraktion klinkte sich gleich in unsere Kommentare ein und wollte von uns wissen, inwiefern das denn der veganen Sache dienen sollte und ob wir behaupten wollten, Schweine seien schützenswertere Tiere als Hühner oder Kälber? Nichts lag uns ferner, aber unsere Widersacher posteten einen Kommentar nach dem anderen, in dem sie Veganismus als höchstes moralisches Gebot predigten. Dieser elitäre Ansatz brachte uns bei dem, was wir mit unserer Seite erreichen wollten, keinen Schritt weiter.

Wir arbeiteten ständig an der Verbesserung unserer Seite, blieben aber weiterhin das Ziel von Attacken. Ein paar humorlose Menschen fanden unsere Witze unangemessen. Als wir einmal ein Foto von Esthers gewaltigem Hintern ins Netz stellten und es mit der Bildunterschrift

Kleines Ferkel
fix und fertig.

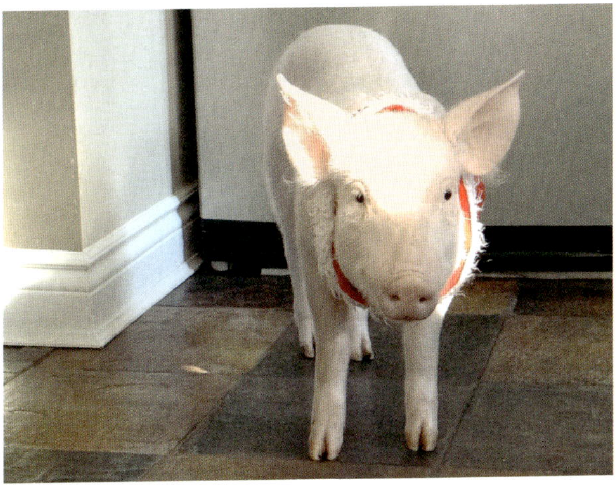

Ich werde versuchen, mich auf der Party zu vergnügen, aber du wirst doch nicht ernsthaft von mir erwarten, dass ich den ganzen Abend auf diesen hohen Absätzen herumlaufe?

Ist das Abendessen bald fertig? Ich warte hier schon seit Mittag!

Ich sag's dir lieber gleich …
Ich hatte Kohl zum
Abendessen.

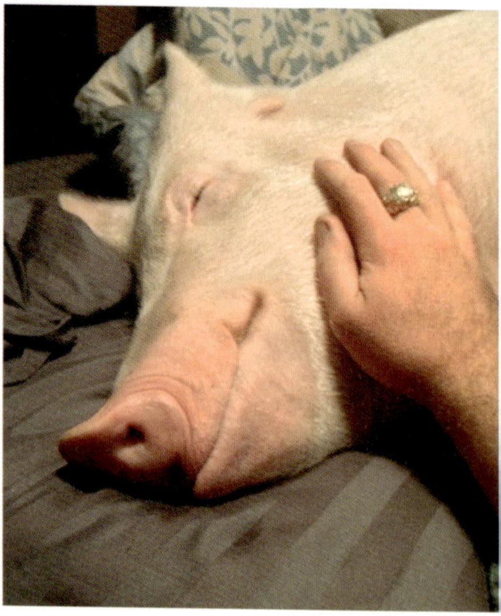

»Ändere deine Gedanken,
und dein Leben ändert sich«
(Wayne Dyer)

Kuscheln im trauten
Kreise der Familie.

Nach diesem Tag
war nichts mehr so
wie früher.

Das ist doch
hoffentlich kein
Katzenpup da auf
deiner Nase?

Großmama, du bist
doch die Beste!

Ich weiß genau, dass ihr heute Nachmittag Schokoeis mit Mandelsplittern mitgebracht habt, und ihr werdet mich nicht los, bis ich herausfinde, wo ihr's versteckt habt!

Das ist für mich, stimmt's?

Her mit den Muffins, dann passiert euch nichts!

»Die Vorstellung, dass manche Leben weniger wert sind als andere, ist die Wurzel allen Übels auf der Welt« (Paul Farmer)

Alles hinter mir in einer Reihe aufstellen!

»Als ich dich sah, war ich sofort verliebt, und du lächeltest, weil du es wusstest.« (Arrigo Boito)

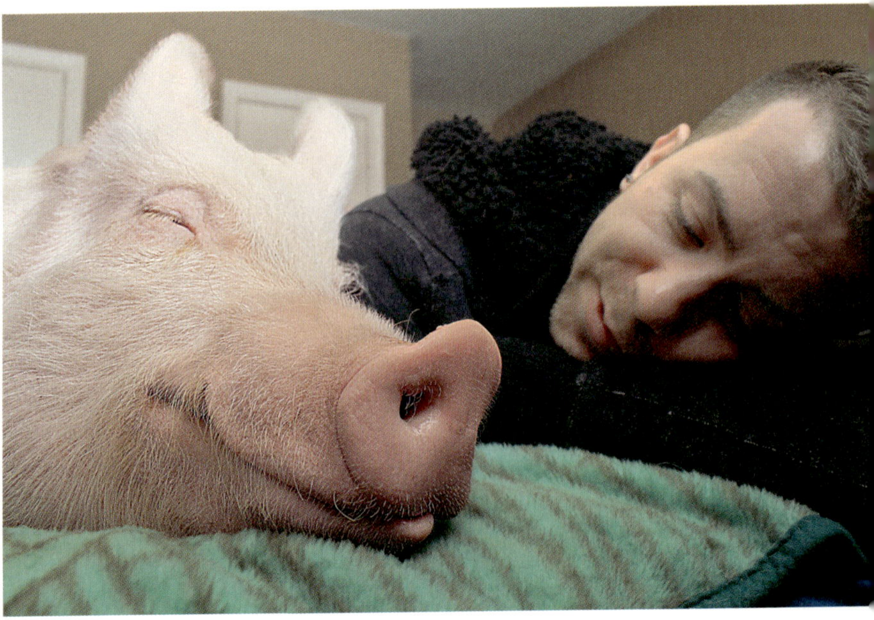

Ich werde immer Daddys kleines Mädchen bleiben.

Ich nehme das hier mal mit ins Haus – man weiß ja nie, wozu man's noch gebrauchen kann!

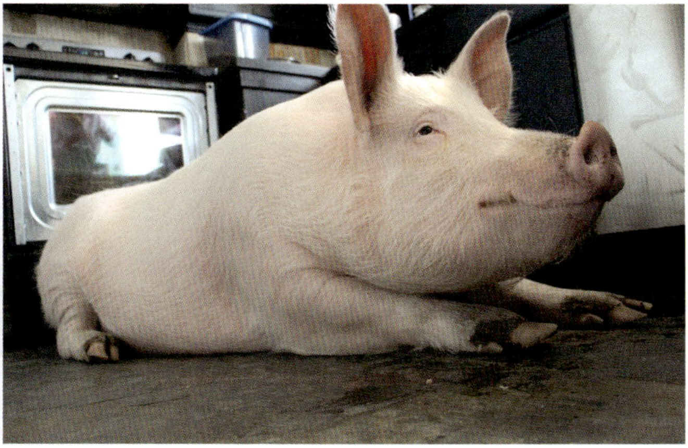

Keiner verlässt die Küche, ohne Wegezoll bezahlt zu haben! Das wären dann zwei Kekse und eine Mango, bitte.

Na, klasse. Erst holen wir uns ein Schwein ins Haus und dann bauen wir eine Scheune. Ich glaube, wir ziehen lieber hier weg, bevor die Nachbarn ausrasten!

Danke, ich brauche kein Schaumbad. Das erledige ich schon selber.

Wenn der Wodka in einem Martini aus Kartoffeln gemacht und das Ganze dann mit Oliven garniert wird … dann ist das doch eigentlich ein Salat, oder?

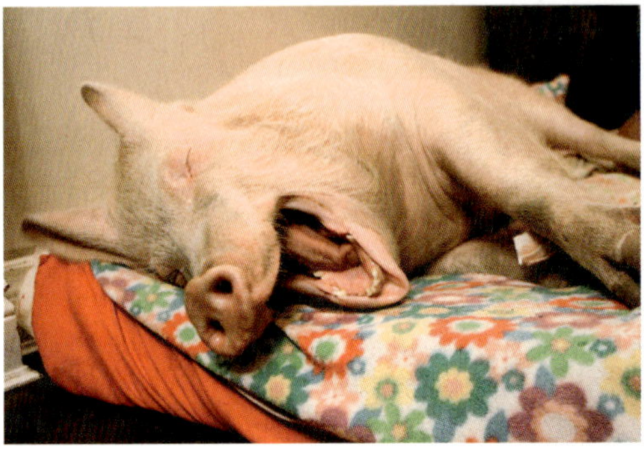

Ich will aber noch nicht aufstehen!

Esther und Caprice stellen die Schlüsselszene aus »Dornröschen« nach.

»Diejenigen, die verrückt genug sind, zu denken, dass sie die Welt ändern können, werden diejenigen sein, die es tatsächlich tun.«.
(Steve Jobs)

Da dürfte Kim Kardashian vor Neid erblassen versahen, war das natürlich nur scherzhaft gemeint – und für uns gab es auch gar keinen Zweifel daran, dass das jedem einleuchten müsste –, doch bestimmte Leute zerrissen uns gleich in der Luft, weil wir Esther angeblich *sexualisieren* würden. Was soll man davon halten? Der Vorwurf war einfach lächerlich und sagte mehr über den Kommentator aus als über uns. Aber wir wollten alles vermeiden, was die Nutzer unserer Seite verstimmen könnte, also passten wir unseren Stil entsprechend an und bemühten uns um massenkompatible Leichtigkeit, um auch weiterhin Kontakt mit den Menschen zu halten, die über Esther zu uns gefunden hatten, und ihnen zu helfen, Antworten auf ihre Fragen zu finden – anstatt ihnen Propagandaparolen in den Schlund zu rammen.

Jede Interessengruppe hat ihre eigene Art und Weise, an die Dinge heranzugehen. Nehmen wir zum Beispiel die Tierschutzorganisation PETA. Bei uns in Kanada macht PETA mit punktueller, kämpferisch gestylter Printwerbung und krassen bildlichen Darstellungen auf Plakaten mit eingebautem Schockeffekt von sich reden. Das passt irgendwie zu PETA, und ich kann deren Motive nachvollziehen. Wir haben uns sogar mit Ingrid Newkirk, der Mitbegründerin und Geschäftsführerin von PETA, darüber unterhalten, und sie hat uns explizit auseinandergesetzt, was PETA mit seinen Aufsehen erregenden Kampagnen bezweckt. Unterm Strich verhält es sich so, dass das ständige Schalten von Werbeanzeigen PETA wahrscheinlich den gleichen Bekanntheitsgrad einbringen würde, den die Organisation durch ihre gezielten Kampagnen auch bekommt, doch würden diese Anzeigen Tausende von Dollars verschlingen, die man gar nicht zur freien Verfügung hat. Also hält man sein Geld für Situationen zusammen, in denen Tieren in Not gezielt geholfen werden kann. Statt breit gestreuter Werbung also gezielte Aktionen. Und dafür ist PETA ja bekannt.

Manche Leute finden das klasse; andere wiederum meinen, dass die Verantwortlichen hinter PETA ein Haufen durchgeknallter Aktivisten sind. Aber PETA ist die größte Tierschutzorganisation der Welt, und die Leidenschaft, mit der Ingrid Newkirk sich ihrer selbstgestellten Aufgabe widmet, hat zahllose Menschen dazu inspiriert, es sich zweimal zu überlegen, ehe sie Kleidung aus Leder tragen oder Tiere essen. Ihrer Meinung nach haben Tiere Anspruch auf gewisse Grundrechte – völlig losgelöst davon, ob sie den Menschen auf irgendeine Weise nützlich sind. Sie schafft ein Bewusstsein dafür, dass alle Tiere Leid und Schmerz empfinden wie die Menschen und sehr wohl das Bedürfnis haben, ihr Leben zu leben. Daher sind sie nicht dazu da, dass wir sie ausbeuten, indem wir sie essen, sie anziehen, uns von ihnen unterhalten lassen oder an ihnen herumexperimentieren – und auch sonst aus keinem Grund. Man mag zwar mit den ausgefallenen Methoden von PETA nicht immer einverstanden sein, aber es ist schwer, an den Gründen, warum die PETA-Aktivisten tun, was sie tun, etwas auszusetzen zu finden.

Werfen wir nun einen Blick auf *Mercy for Animals*, kurz MFA, einen völlig anders gearteten Tierschutzverband mit einem völlig anders gearteten Ansatz – vielleicht das genaue Gegenstück zu PETAs Vorgehensweise. MFA ist eine ausschließlich in den Vereinigten Staaten und Kanada operierende Non-Profit-Organisation, die sich dem Schutz von landwirtschaftlichen Nutztieren verschrieben hat und das Prinzip der Nachhaltigkeit bei der Wahl unserer Lebensmittel propagiert. Die Organisation verwendet ihre Mittel dafür, Undercoverermittler auszusenden, damit diese mittels versteckter Kameras Blicke hinter die Fassaden der Agrarindustrie ermöglichen und somit schwerwiegende Misshandlungen bei der Massentierhaltung aufdecken. Durch diese bahnbrechende Arbeit wurden grausame Fälle von Tierquälerei bekannt, die ohne MFA unter Umständen nie ans Licht gekommen wären – und man hat multinationale Nahrungsmittelkonzerne wie Butterball, Tyson, Nestlé und DiGiorno genötigt, sich von Zulieferern, denen besonders schwere Verstöße nachgewiesen wurden, zu trennen – und das will doch schon einiges heißen.

Neben MFA und PETA gibt es natürlich noch jede Menge anderer Tierschutzverbände, die alle individuelle Schwerpunkte setzen, und unserer Meinung nach hat jeder von ihnen seinen Platz auf der Welt. Es ist ja nicht so, dass wir die Arbeit dieser Interessengruppen und ihre unterschiedlichen Vorgehensweisen nicht zu schätzen und zu respektieren wüssten – wir wollen niemandem das Recht streitig machen, seinen Beitrag für unser gemeinsames Ziel zu leisten. Uns stört nur, dass einige dieser Gruppierungen ideologische Inhalte in ihren Programmen haben, die haargenau auf ihre Klientel zugeschnitten sind und durch die sich andere Menschen vor den Kopf gestoßen fühlen. Dank Esther haben wir die Chance, eine große Bandbreite von Interessierten anzusprechen und ihnen mit einem freundlichen Lächeln ein positives Leitbild anzubieten.

Vorangegangen war eine Periode des Umdenkens. Als wir nämlich merkten, dass wir mit unserer Seite gerade diejenigen Menschen abstießen, auf deren Leben wir den stärksten Einfluss ausüben konnten – Menschen wie wir, die Tiere lieben und etwas Gutes in der Welt bewirken möchten, aber noch nicht zu der Erkenntnis gefunden haben, wie sich das eine und das andere vorzüglich miteinander verknüpfen lässt –, wurde uns bewusst, dass wir es auf *unsere* Art und Weise versuchen mussten, indem wir Humor und eine gewisse Leichtigkeit ins Spiel brachten. Wir halten nichts von vorwurfsvoll erhobenen Zeigefingern nach dem Motto: »Du bist nicht mit dem nötigen Ernst dabei.« Deswegen sind wir bestimmt nicht Veganer geworden. Wir sind zu unserem Entschluss gelangt, indem wir eine immer engere Beziehung zu Esther entwickelten, Antworten auf unsere Fragen suchten und nach und nach verstanden, dass es einfach ein Gebot der Vernunft war, vegan zu leben – und als Esthers Herrchen blieb uns ja letzten Endes gar keine andere Wahl. Also setzten wir mehr auf Wärme, Humor und Geschichten, die zu Herzen gehen, anstatt auf gestrenge Ermahnungen und Bilder, bei denen sich einem der Magen umdreht. Und das, glaube ich, hat die »Esther-Bewegung« so erfolgreich gemacht, wie sie heute ist.

Unsere Bewegung spricht viele Nicht-Veganer an, weil sie für andere Meinungen offen und zugänglich und nicht auf Konfrontation aus ist. Nicht-Veganer schätzen an ihr, dass sie ihnen die Augen öffnet und Denkanstöße vermittelt. Trotzdem zählen auch viele Tierschützer und überzeugte Veganer zu unseren Anhängern, denn wir sind für sie ein Lichtblick in einem ansonsten eher düsteren und bedrückenden Umfeld. Wir haben Undercoverermittler, die ständig über Tiermisshandlungen berichten, sogar bei uns zu Hause zu Besuch gehabt, weil sie zur Abwechslung einmal ein glückliches Schwein in einer artgerechten Umgebung sehen wollten. Esther ist für sie der Hoffnungsträger, dessen sie dringend bedürfen.

Nachdem unsere Facebook-Seite ein derartiger Erfolg geworden war, bemühten wir uns zuerst noch, auf jeden einzelnen geposteten Kommentar persönlich einzugehen – und wir hatten ja niemanden, der oder die uns dabei half. Ja, wir wollten jedem persönlich antworten. Können Sie sich das vorstellen? So ist es eben, wenn man es unbedingt jedem recht machen will.

Mir war aufgefallen, dass auch die Anzahl der Follower meiner eigenen Seite zunahm. Vor Esthers Eintreffen hatte sich meine persönliche Präsenz in den sozialen Netzwerken weitgehend auf meinen Account bei Instagram beschränkt, wo man sich Bilder von Derek und mir ansehen konnte, ein paar davon mit unseren Haustieren, sowie Urlaubsfotos aus Amsterdam und noch ein paar Schnappschüsse, die dem durchschnittlichen Esther-Fan ein wenig grenzwertig erscheinen mochten. Aber was soll's? Wir sind eben zwei Junggesellen, die ab und zu gerne ein bisschen auf den Putz hauen, zwei ganz normale Schwule, die gerne Spaß haben – und zufällig ein Schwein. Wir haben nie gelebt wie die Engel. Uns waren bloß die Augen geöffnet worden, nachdem wir Esther bekommen hatten, und das hat unser beider Leben drastisch verändert.

Manche Leute, die Esthers Geschichte folgten, wollten scheinbar auch mehr über Derek und mich erfahren. Das merkte ich daran, dass Fotos, die ich vor zwei Jahren auf Instagram gepostet hatte, urplötzlich Likes von Wildfremden erhielten. Bis dahin hätte ich nie gedacht, dass sich irgendwer sonderlich für mein Privatleben interessieren könnte. Doch aus unerfindlichen Gründen schien sich die Faszination, die Esther auf manche Leute ausübte, auf Derek und mich zu übertragen, und dabei wurde uns mulmig zumute. Also beschlossen wir, einige unserer Fußabdrücke im Internet aufzuspüren und zu deaktivieren. Nachdem wir nun so etwas wie Personen des öffentlichen Lebens geworden waren, schien es angebracht, sich von einigen Posts, die man *gewagt* nennen könnte, zu trennen. Kurz vor Weihnachten übertrug ich die Daten von meinem Instagram-Konto auf das von Esther und löschte allen persönlichen Kram. Nie hätten wir uns träumen lassen, dass Esther eines Tages der Dreh- und Angelpunkt unseres Auftritts in den sozialen Netzwerken werden würde, aber *sie* war es nun mal, die die Leute sehen wollten, also erschien dies als die praktikabelste Lösung.

Uns schwirrten die Köpfe angesichts des geradezu absurd anmutenden Zulaufs, den unsere bescheidene Facebook-Seite genoss. Es war der helle Wahnsinn. Indem wir uns jeder Moralpredigt enthielten und die Nutzer mehr »von Mensch zu Mensch« ansprachen, war es uns gelungen, unsere Botschaft weithin zu verbreiten. Über uns erschienen Beiträge in der Zeitschrift *People* und im Mitgliedermagazin von PETA. Dass wir mittels Esther die Leserschaften solch unterschiedlicher Publikationen erreichten, zeigte uns, dass wir mit ihrer Geschichte tatsächlich die Gefühle der Menschen ansprachen und wir etwas erreichen konnten.

Bald kam uns der Gedanke, auch Kochrezepte zu posten und eine Rubrik mit »Esthers Küchentipps« einzurichten. Im Verlaufe dessen fiel das Reizwort »vegan« bei uns völlig unter den Tisch und wurde ersetzt durch »Von Esther geprüft und für gut befunden«. Natürlich bedeutete das nichts anderes als »vegan«, doch dieses Wort hat für viele Menschen einen negativen Beigeschmack. Also rückten wir zwar nicht von unseren Prinzipien ab, brachten diese aber den Leuten »auf die sanfte Tour« nahe. Und das funktionierte! Allerdings wählten wir diesen Weg nicht nur, um dem heftigen Streit zwischen Veganern und Nicht-Veganern aus dem Wege zu gehen, sondern vielmehr, weil wir haufenweise E-Mails von Nicht-Veganern bekamen, die uns wissen ließen, wir hätten ihnen die Augen geöffnet, was Schweine betraf. Von überallher wurde uns berichtet, man habe ja gar keine Ahnung gehabt, wie reinlich Schweine seien und wie intelligent – im Grunde genommen wurde uns hier *unsere eigene Geschichte* erzählt. Wenn wir diese E-Mails lasen, spürten wir, dass die Fotos von Esther, die Beiträge über sie und die humorvollen Bildunterschriften auf andere Menschen die gleiche Wirkung hatten wie Esther auf uns – und so konnten wir bei den Menschen ein Umdenken bewirken, ohne ein Evangelium predigen zu müssen. Ich denke, es war in erster Linie unser lockerer, unaufdringlicher und von Humor und Wärme geprägter Stil, verbunden mit lustigen Fotos, auf dem Esthers Erfolg beruhte, der echte Veränderungen in den Leben der Menschen herbeiführte.

Und das genau ist es, was wir den »Esther-Effekt« nennen. Wir konnten nur pausenlos darüber staunen, auf was für unterschiedliche Weisen Esther die Menschen beeinflusste. In Montreal begegneten wir einmal einer Frankokanadierin von über siebzig Jahren, die schon längst vegan lebte. Sie stellte sich uns in äußerst gebrochenem Englisch vor und erzählte uns, wie sehr sie Esther liebte und dass sie durch eine ihrer veganen Freundinnen auf ihre Seite aufmerksam gemacht worden war. Das wenige Englisch, das sie beherrschte, habe sie komplett von Esthers Seite gelernt, berichtete sie stolz. Angefangen hatte sie damit, die Bildunterschriften zu übersetzen, und mit der Zeit sei es ihr zunehmend leichter gefallen, sie zu entziffern. Wegen Esther bringe sie sich im wahrsten Sinne des Wortes selber Englisch bei – weil sie Esthers Geschichte verfolgen und wissen wollte, was wir zu sagen hatten. Es war unglaublich.

Wir bekamen auch Post von einer Mutter, die uns schrieb, sie selber sei zwar Veganerin und würde sich auch viel für die Rechte der Tiere einsetzen, aber ihr Ehemann und ihre Kinder würden weiterhin Fleisch essen. Sie habe noch nie ihren Kindern ihre eigene Meinung aufzwingen wollen, sagte sie, und sich immer zurückgenommen. Dann habe ihr Sohn Esther entdeckt und sei hin und weg, er wolle jeden Tag erfahren, was unser Schwein so trieb.

Eines Tages, fuhr die Frau fort, habe sie vor ihrem Computer gesessen und sich Bilder von Massentierhaltungen angesehen. Da sei ihr Sohn hinter ihr stehen geblieben und habe zu weinen angefangen, als er die Schweine in solch elender Umgebung sah. Ob das Esther sei, habe er wissen wollen, und sie habe ihm gesagt, das sei nicht Esther, sondern ein anderes Schwein – obwohl es auch ebenso gut Esther *hätte sein können*. Dies, schrieb sie, sei ihre Gelegenheit gewesen, ihrem Sohn zu erklären, was für Schindluder mit Schweinen getrieben würde – weil er eben so begeistert von Esther war und die Bilder auf dem Schirm ihn so verstört hatten. Daraufhin habe sie ihrem Sohn erklärt, warum sie Veganerin sei, und der habe Rotz und Wasser geheult, als ihm der Zusammenhang klar wurde. Dann habe er erklärt, *für ihn* wären ab jetzt sämtliche Schweine Esther – und er hörte ganz von selber auf, Fleisch zu essen. Und das halte nun schon seit Monaten an – alles wegen Esther. Ich konnte es beinahe nicht fassen.

Ja, über Langeweile durften wir uns wirklich nicht beklagen – doch wir bemühten uns trotzdem, uns möglichst viel von dem Leben zu bewahren, wie wir es vor Esther gekannt hatten. Derek war ständig mit seinen Zaubervorführungen ausgebucht, und ich ging meinen Geschäften als Makler nach. Wenn ich zwischendurch mal Zeit hatte, machte ich möglichst viele Fotos von Esther, um damit ihre Facebook-Seite immer auf den aktuellen Stand zu bringen. Unsere wenige Freizeit verbrachten wir damit, bei laufendem Fernseher in unserer Wohnzimmerecke zu sitzen und uns in unsere Smartphones zu vertiefen.

So war es auch an dem bewussten Abend, von dem ich hier erzählen will. Alles war wie üblich; Derek las gerade unsere Facebook-Posts und beantwortete Anfragen, als er plötzlich in Tränen ausbrach. Ich war mit meinem eigenen Kram beschäftigt und bekam es anfangs gar nicht mit. Doch als ich aufblickte, sah ich ihn schluchzend dasitzen. Zunächst lachte ich über ihn, denn ich wusste ja, dass er angespannt und überarbeitet war, und dachte, er würde das alles einfach rauslassen. (Ja, ich kann manchmal richtig bescheuert sein.) Aber er stimmte nicht in mein Lachen mit ein, wie er es sonst getan hätte. Ihn hatte wirklich etwas sehr betroffen gemacht. Er reichte mir sein Smartphone.

Es ging um die E-Mail einer Frau, die schrieb, sie selber sei Veganerin, ihr Mann jedoch nicht. Aber sie würden seit Jahren glücklich zusammenleben und es jedem selber überlassen, was er oder sie essen wollte. Eines Tages sei ihr Mann im Supermarkt schon ein paar Schritte vorausgegangen, und sie habe beobachtet, wie er eine Packung Bacon aus dem Kühlregal nahm und sie dann wieder zurücklegte. Sie sprach ihn nicht gleich darauf an, sondern wartete, bis sie zusammen im Auto saßen. Darauf habe er sie angesehen und bloß ein einziges Wort gesagt: »Esther.« Da gab es nichts misszuverstehen. Er brachte es nicht mehr übers Herz, Schinkenspeck zu essen.

Als ich die E-Mail las, bekam auch ich ein eigentümliches Gefühl in der Magengrube. Es ist schwer zu erklären, wie man empfindet, wenn einem so etwas erzählt wird. Mir hatte noch nie jemand gesagt, dass ich einen derart tiefen Eindruck bei ihm oder ihr hinterlassen hätte. Und Derek ebenfalls nicht. Ich würde mal behaupten, dass es sich bei diesen Leuten um ein schon etwas älteres Paar handelte, irgendwo in ihren letzten drei Lebensjahrzehnten. Dass irgendjemand in dem Alter es auch nur erwägt, seine oder ihre Lebensgewohnheiten so zu verändern, machte uns deutlich, was für einen enormen Einfluss Esther hatte und wie viel empathisches Potenzial in ihr steckte. Und all das, ohne dass wir jemandem unter die Nase rieben, *man solle vegan leben* oder *man solle dies und das nicht essen* oder *dieses und jenes nicht tun*. Ein Bild und ein kurzer Text darunter. Mehr brauchte es nicht. Mit so wenig konnten wir so viel bei Menschen bewirken, die wir nie persönlich kennengelernt hatten. Wie war das nur möglich?

Bilder von Esther, die Menschen zum Lächeln oder zum Lachen bringen, halfen den Besuchern unserer Seite, ganz von selber auf den Trichter zu kommen, ohne dass wir erst Moralpredigten halten und Horrorfotos veröffentlichen mussten, die von den meisten Leuten – uns selber eingeschlossen – sowieso ignoriert wurden. Esther war dagegen ein sehr reales Lebewesen und hatte eine sehr handfeste Botschaft. Mit ihr klappte es besser, als wir es uns je zu erträumen gewagt hätten.

6

Woran denken Sie bei dem Wort Weihnachten? Geschmückte Tannenbäume mit funkelnden Lichtern? Küsse unter dem Mistelzweig? Hübsch eingepackte Geschenke? Weihnachtslieder, die vom Tag nach Halloween an gedudelt wurden, so dass das arme Thanksgiving sang- und klanglos in Vergessenheit geriet?

Für uns war es all dies – plus die logistische Verrenkung, die wir uns antun mussten, um unsere Verwandtenbesuche und die Versorgung unserer Haustiere unter einen Hut zu kriegen. Es waren nur noch wenige Tage bis zum Fest, und nach dem üblichen Hickhack wegen der Dauer unseres Aufenthalts lagen endlich die Eckdaten fest. Wir würden Heiligabend bei Dereks Familie verbringen und am Vormittag des zweiten Weihnachtstages zu meiner Mutter fahren. Leta war eingespannt, würde sich um die Tiere kümmern, und wie durch ein Wunder hatten wir sogar unsere Weihnachtseinkäufe rechtzeitig geschafft. Alles verlief nach Plan.

Bis alles den Bach runterging.

Und mit »alles« meine ich auch *alles*. Am 21. Dezember, drei Tage vor unserer geplanten Abreise, fegte ein Eisregen über uns hinweg und – alles ging aus. Wir hatten keinen Strom mehr, keine Heizung, nichts von dem, was das Leben lebenswert macht; jedenfalls, wenn man mich fragt.

Falls Sie noch nie einen Eisregen erlebt haben, müssen Sie sich das so vorstellen … nun, die Begriffe »Eis« und »Regen« umschreiben es schon ziemlich gut, aber wenn man in die Einzelheiten geht, wird daraus ein Horrorszenario. Gefrierender Regen überdeckt alles. Es ist wahnsinnig kalt, so dass man glaubt, es würde bald schneien, doch das tut es nicht. Vom Himmel fällt nur dieser Regen, der einen bis ins Mark gefrieren lässt. Zuerst erscheint er harmlos, und dann verwandelt er alles in Eiszapfen – in ein wunderschönes Winterwunderland. Ein *gefährliches* wunderschönes Winterwunderland.

Stellen Sie sich den schlimmsten Schneesturm vor, den Sie je erlebt haben. Erhöhen Sie die Temperatur um ein paar Grad bis zu dem Punkt, an dem aus dem Schnee gefrierender Regen wird, und dieser Regen wird sofort zu Eis, sobald er den kalten Boden berührt. Das sieht eigentlich ganz hübsch aus. Bis man versucht, sich darauf zu bewegen. Die Zufahrt verwandelt sich in eine Eisbahn – tatsächlich sind unsere Nachbarn an diesem Tag auf der Straße Schlittschuh gelaufen. Das Dach des Hauses knirscht unter der Last der Eismassen, die sich darauf verschieben – aber man fürchtet nichts so sehr wie einen folgenden sonnigen Tag. Dann beginnt nämlich alles ein wenig zu schmelzen, und man weiß nie, was einem von oben vor die Füße gekracht kommen könnte.

Wir hatten gewusst, dass sich ein Unwetter zusammenbraute, und wie es so oft in solchen Situationen der Fall ist, kauften gewisse Leute sämtliche Vorräte an Wasser und

Konserven im Supermarkt auf – wogegen wir bloß dort waren, um ein paar Melonen für Esther zu besorgen. Ich weiß, dass das nach Fahrlässigkeit klingt, aber bei uns gibt es *dauernd* Unwetterwarnungen, und sie bewahrheiten sich nur selten.

Das Gleiche hört man auch von Leuten in Florida und anderen Gegenden, wo oft Hurricanes hindurchziehen. Ja, es kommt gelegentlich schon mal vor, dass ein Hurricane materielle Schäden anrichtet oder sogar Opfer fordert, doch in den meisten Fällen verpufft er über dem Meer oder reduziert sich zu einem Tropensturm, und das Schlimmste, womit sich die Menschen dann auseinandersetzen müssen, sind starke Regenfälle und Wind. Eine wirklich verheerende Naturkatastrophe wie seinerzeit der Hurricane Katrina ist eher die Ausnahme denn die Regel. Meistens wird nur viel Lärm um nichts gemacht.

Also maßen wir auch dieser Eisregenwarnung keine große Beachtung bei. Wer soll denn schon wissen, wann es uns so richtig erwischt? Nennen Sie es das Himmel-stürzt-ein-Syndrom. Oder schlicht und ergreifend schlechte Vorausplanung. Hier muss ich allerdings zu meiner Verteidigung hinzufügen, dass ich gar nicht vorausplanen *konnte.* Unser Leben hatte sich so gründlich verändert, dass in mir die Verdrängungs- gegenüber den Schutzinstinkten die Oberhand gewannen. Wenn wir in der Zeit *vor* Esther wussten, dass uns Unheil drohte, haben wir unsere Siebensachen, die Hunde und die Katzen ins Auto gepackt und sind aus der Stadt geflüchtet. Aber jetzt? Sämtliche Evakuierungspläne für den Notfall waren nur noch Makulatur. Man kann kein vierteltonnenschweres Schwein in ein Auto stopfen. Kein Scherz! Und in meinen Gedanken kreiste ständig das gefürchtete Szenario, in dem Derek sagt: »*Wir müssen hier weg!*« – und ich mich weigere. Aus mir würde dann der Kerl, den man in den Nachrichten sieht, der sich während einer Flut auf dem Dach an seinem Hund festklammert, nachdem alle anderen längst fort sind, und über dessen Kopf Hubschrauber kreisen und über den die Leute auf Twitter lästern, was für ein Blödmann das doch sei und dass sie sich vor Lachen auf dem Boden gewälzt haben. Und ich würde dahocken wie Tom Hanks auf seiner Insel in *Verschollen.* Unter gar keinen Umständen würde ich Esther in einem kalten, dunklen Haus zurücklassen, wenn ich keine Ahnung hätte, wann der Strom wieder eingeschaltet werden würde – nicht einmal mit einer Haussitterin.

Unmittelbar nach dem ersten Eisregen haben Derek und ich einen Spaziergang gemacht. Es war atemberaubend. Alles sah aus, als wäre es aus Kristall. Aber dann knackte ein Baum und stürzte um. Irgendwo in der Ferne hörten wir ein schnappendes Geräusch und sahen einen unglaublichen blauen Lichtblitz. Das war unsere Hochspannungsleitung, die einen Abgang machte … und mit ihr unsere Stromversorgung.

Am Morgen nach so einem Eisregen kann man seine Runde drehen und die Zerstörung betrachten, die er angerichtet hat. Diesmal waren wir sogar zum Katastrophengebiet erklärt worden. Wir hatten kein Fernsehen (schauten eigentlich ohnehin meist nur Netflix), waren also überhaupt nicht über den aktuellen Stand der Dinge informiert und wussten nicht, wie schlimm es war. Als wir am

Morgen aufwachten, gingen wir davon aus, dass wir wieder Strom hätten, aber es war *eiskalt* in unserer Bude. Am kältesten Punkt herrschten draußen fast minus siebzehn Grad. Es war schon heftig. *Wir* wussten ja wenigstens, warum es so kalt war und dass wir an der Kälte im Haus nichts ändern konnten – unsere armen Tiere jedoch nicht. Fünf traurige, verfröstelte Gesichter blickten uns an und schienen zu fragen: *Was ist los? Könnt ihr bitte die Heizung wieder andrehen?* Wir kamen uns wie Unmenschen vor. Ich erinnere mich noch genau an die Atemwölkchen der Hunde an diesem Morgen – und das *im Haus*. Hundeatem riecht schon übel genug. Da braucht man ihn nicht auch noch *zu sehen*.

Doch alles in allem betrachtet war die erste Nacht noch einigermaßen erträglich. Am nächsten Tag ging es so richtig los. Mit dem Dunkelwerden brach das komplette Chaos aus. Bäume stürzten um, richtig große Bäume, schlugen durch Dächer, so dass in mehreren Häusern die Decken herunterkamen. Wenn wir hinaus in den Garten gingen, um von den laufenden Motoren unserer Autos etwas Strom abzuzapfen (irgendwo mussten wir den ja herkriegen), konnten wir die Zerstörungen in der Nachbarschaft sehen. Es war furchtbar. Und sämtlichen Geschäften blieb natürlich nichts anderes übrig, als geschlossen zu bleiben.

Auch während des zweiten Tages regnete es ohne Pause weiter. Ringsum hörten wir das Krachen umstürzender Bäume, die Autos unter sich zerquetschten und Hochspannungsleitungen herunterrissen. Ich will ja gerne zugeben, dass es auf eine bestimmte Weise ziemlich aufregend war – aber es machte einem auch Angst. Denn am zweiten

Abend gab es immer noch keinen Strom. Das war schon schlimm genug für Derek und mich – noch schlimmer war das schlechte Gewissen wegen der Tiere. Wir fühlten uns so hilflos. Sie waren doch schließlich unsere Familie, unsere *Babys*, und das auf eine ganz reale Weise. Wie würden Sie sich denn fühlen, wenn Ihre Kinder leiden müssten und es praktisch nichts gäbe, was Sie tun könnten, um ihnen zu helfen?

In dieser Nacht schliefen wir alle zusammen, schmiegten uns um Esther herum auf dem Fußboden aneinander. Wir waren schon eine verschworene Gemeinschaft. Ein Trost war, dass Esther eine Wärme abstrahlt wie ein Hochofen. Stellen Sie sich die Körperwärme eines durchschnittlich großen Erwachsenen vor und nehmen Sie die vierfache Masse – und das ist noch untertrieben, denn die normale Körpertemperatur bei Schweinen beträgt etwa 39 Grad Celsius. Derek und ich hatten uns in Wintermäntel gehüllt, trugen Mützen und Handschuhe, hatten Shelby und Reuben in Decken gewickelt und kuschelten uns an Esther. Die Katzen lagen ausgestreckt auf uns und suchten unsere Wärme. Nur unter die Decken kriechen wollten die beiden nicht – das war ihnen wohl doch nicht geheuer. Wir überstanden auch diese Nacht, und als wir aufwachten … gab es keinen Strom. Immer noch nicht.

Zwischenzeitlich war Weihnachten bedenklich näher gerückt – es war der 23. Dezember, und Dereks Mutter rief alle paar Stunden bei uns an, um zu hören, wann wir kämen. Wir vertrösteten sie damit, dass wir sie auf dem Laufenden halten würden, aber die Stunden vergingen – ohne Strom. Die Aussichten wurden zusehends trüber.

Ich wollte nicht derjenige sein, der es Derek sagte. Er ahnte wahrscheinlich schon die Aussichtslosigkeit unseres Unterfangens, es zu Weihnachten zu seiner Familie zu schaffen. Trotzdem packten wir alles ein und bereiteten uns auf die vierstündige Autofahrt vor – obwohl wir inzwischen ein Dasein fristeten, als hätte es den *Doktor und das liebe Vieh* in Charles Dickens' *Weihnachtsgeschichte* verschlagen.

Während wir bereits diskutierten, was wohl würde, wenn dieser Zustand anhielte, taten wir unser Bestes, mittels provisorischer Hilfsmittel unseren Alltag aufrechtzuerhalten. Ein Topf voller Teelichter mit einem Metallgitter darüber diente uns als Herd, auf dem wir uns Suppe warm machen konnten – wir kochten im wahrsten Sinne des Wortes bei Kerzenschein! Doch so romantisch das auch klingt – an der Ausführung haperte es gewaltig. Es dauerte ungefähr eine Stunde, bis der Inhalt einer Dose warm war. Plötzlich auftretender Heißhunger konnte so nicht bedient werden – es sei denn, man beschied sich mit kalter Suppe. Mein Fall ist das nicht. Alles musste genauestens geplant werden, und das kostete Kraft und Nerven.

Und ich will ganz ehrlich sein: Ich verzichte äußerst ungern auf gewisse Annehmlichkeiten. Ich will mein Fernsehen, ich will mein Internet. Wir leben schließlich im 21. Jahrhundert. Wenn wir etwas wollen, wollen wir es jetzt sofort; und dank des technischen Fortschritts *bekommen* wir es auch jetzt sofort. Mit einem Mal jedoch waren wir von der Lebensdauer kleiner Batterien abhängig. Wir benutzten unsere Autos, um die Handyakkus aufzuladen, und Teelichter, um Wasser zu erwärmen und zu

»kochen« – so gut es eben ging. Vor Tim Hortons Restaurant standen die Leute drei Stunden für eine Tasse Kaffee an. Die ganze Stadt war zum Stillstand gekommen. Wir wechselten uns beim Aufladen unserer Smartphones ab und verknüpften sie mit dem PC, um über das Mobilfunknetz einen Internetzugang zu bekommen, denn wir mussten uns ja weiter um Esthers Facebook-Seite kümmern – ganz abgesehen davon, dass wir mit unseren Angehörigen kommunizieren wollten. Aber das beschränkten wir bald auf ein Minimum, denn die Notwendigkeit, Dereks Mutter (und damit auch Derek selber) immer wieder enttäuschen zu müssen, verursachte mir den meisten Stress.

Es war schon verrückt, wie etwas so Schönes – draußen vor dem Fenster schien alles mit Kristallglas überzogen zu sein – gleichzeitig so destruktiv sein konnte. Nachdem wir uns zunächst noch daran erfreut hatten – *Toll! So was sieht mal wohl nur ein Mal im Leben* –, ließ unsere Begeisterung rasch nach: *Jetzt habe ich aber die Schnauze voll von diesem Sch…eisregen!* Jeder Blick nach draußen gemahnte uns daran, dass es schlimmer stand, als wir es wahrhaben wollten. Die kräftigen Bäume draußen im Garten krümmten sich unter der Last des Eises und wünschten sich wohl so sehr wie wir, dass es bald schmelzen möge. Irgendwann ging uns auf, dass wir vermutlich doch länger ohne Strom sein würden und ein Notstromaggregat brauchten. Kein Problem, dachten wir. Bloß sollte das einzige Aggregat, das es noch zu kaufen gab, fünftausend kanadische Dollar kosten – ein bisschen mehr, als wir uns leisten konnten. Letztendlich teilten wir Dereks Eltern mit, dass wir nicht kommen würden, und auch, warum nicht. Natürlich waren sie enttäuscht, aber dann hatten sie die rettende Idee: Sie würden stattdessen *uns* besuchen – und, noch besser, einen Generator mitbringen.

Wir hätten dies eigentlich als die sehr gute Nachricht aufnehmen sollen, die sie ja letzten Endes war, aber um es gleich zu sagen: Unsere Stimmung hob sie nicht besonders. Uns wäre sogar die Nachricht von einem Lotteriegewinn vorgekommen, als würden wir verpflichtet, als Geschworene einem Prozess beizuwohnen. An Heiligabend verwünschten wir das Leben. Wir waren jetzt vier Tage ohne Strom gewesen und hatten mit Weihnachten absolut nichts mehr am Hut. Wir wollten auch keine Menschen um uns haben. Wir wollten uns nur in unserem Elend suhlen.

Und genau während dieser Saukälte wurde Esther heiß – mit anderen Worten: Sie bekam ihre *Rausche*.

Wir wussten zuerst natürlich noch nicht, was es war. Es passierte schließlich zum ersten Mal. Wir hatten uns bisher noch nicht mit ihrem Zyklus befasst, und es dauerte eine Weile, bis wir dahinterkamen, dass sie in der Brunst war. Kein gutes Omen für den Familienbesuch. Derek und ich waren eh schon mit den Nerven am Ende und standen kurz vorm Durchdrehen. Auch unsere anderen Tiere waren von dem ganzen Tohuwabohu infolge des Eisregens gestresst. Dereks Mutter wiederum fürchtete sich vor Esther, und da nun noch hinzukam, dass Esther wegen ihrer Periode schlecht gestimmt war, konnte eigentlich nur noch alles schiefgehen.

Gerne würde ich an dieser Stelle berichten, dass es nichtsdestotrotz bestens verlaufen war. Schön wär's. Wie im Film: *Noch ist nicht aller Tage Abend! So schnell lässt sich unser Team aus lauter Verlierern nicht unterkriegen; wir sind zwar drei Runs im Rückstand, haben im letzten Spielabschnitt zwei Outs kassiert, und der Knabe, der jetzt am Ball ist, hat während der ganzen Saison noch keinen Treffer gelandet, aber dann haut er den Ball über die Linie, und das Spiel ist gewonnen!*

Nein, so lief es nicht. Es lief alles so beschissen, wie es zu befürchten gewesen war.

Dereks Familie, bestehend aus Brad und Janice, seinen Eltern, seiner Schwester Nicole und deren Freund Justin, traf am Heiligabend gegen Mittag ein. Bei uns herrschte natürlich ein heilloses Durcheinander. Im ganzen Haus war es dunkel und eiskalt, es war zudem unübersehbar, dass wir keinerlei Vorbereitungen getroffen hatten, um Gäste zu empfangen, und richtig sauber gemacht hatte während der vergangenen vier Tage auch niemand. Ich hätte mich am liebsten in einem Loch verkrochen, um dort zu sterben. Trotzdem bemühten Derek und ich uns, eine frohgemute Miene aufzusetzen. Wir taten unser Bestes, uns den Anschein zu geben, als wären wir hellauf begeistert, in unserer finsteren Eishöhle vier Gäste zu einer spontanen Weihnachtsparty empfangen zu dürfen.

Das einzige Gute an den geänderten Plänen war, dass Brad und Janice sich nun mit eigenen Augen davon überzeugen konnten, wie schlimm es bei uns stand. Wenn sie nicht zu Besuch gekommen wären, hätten sie womöglich noch geglaubt, wir hätten alles übertrieben, um uns vor der Fahrt zu ihnen zu drücken. Aber nun waren auch sie zutiefst erschrocken über die Verwüstungen in unserer Stadt.

Im Nachhinein betrachtet hatten wir sogar noch ziemliches Glück gehabt, was Sturmschäden betraf. Unser einziger dauerhafter Verlust bestand aus einem Baum. Doch zu diesem Zeitpunkt schätzten wir uns alles andere als glücklich. Wir fühlten uns beschissen und mussten jetzt irgendwie ein Weihnachtsmenü herbeizaubern. Ich war nur mürrisch, Derek war gestresst, und Esther benahm sich daneben. Allerdings muss man ihr zugestehen, dass sie noch nie ihre Periode gehabt hatte, so dass sie sich zu allem Überfluss wahrscheinlich überhaupt nicht erklären konnte, was mit ihr los war.

Und Janice stand bereits kurz vor dem Ausrasten.

Ganz klar: Die Chancen, dass Dereks Mutter und Esther Gefallen aneinander fänden, standen so schlecht wie bei einem Gesundheitsapostel und einem Frittenkoch.

Vom Augenblick ihres Eintreffens an ging alles absolut daneben – noch danebener, muss man wohl eher sagen, denn es war ja schon jede Menge schiefgegangen, *bevor* sie kamen. Esther verhielt sich Janice gegenüber sofort sehr zudringlich; sie folgte ihr überallhin und ließ ihr keinen Moment Ruhe. Wenn Esther etwas auf den Punkt bringen will, benutzt sie dazu im wahrsten Sinne des Wortes ihren Kopf – was dem Wort »Dickschädel« eine ganz neue Bedeutung verleiht. Sie schubst einen mit ihrem Kopf vor sich her, was wohl niemand als angenehm empfinden würde, und Dereks Mutter erst recht nicht.

Fragt man Janice nach ihrer Körpergröße, wird sie sagen, sie wäre *etwas über* einen Meter fünfzig groß – etwa so, wie ein Mann von einem Meter fünfundsiebzig von sich behaupten würde, er wäre eins achtzig, und Steven

Seagal, dass er in seinen Filmen sehr überzeugend den Rächer der Enterbten mimt. Nein, in Wirklichkeit misst Janice nur *knapp* einen Meter fünfzig, was eigentlich gar keinen so großen Unterschied macht, aber ob nun *etwas über* oder *knapp* – in jedem Fall wird einem mulmig zumute, wenn ein fast 250 Kilo schweres Schwein beschließt, einem die Stirn zu bieten. Wir hatten uns ja an Esthers Größe *gewöhnt*, doch zu Janices Gewohnheiten gehörte es wirklich nicht, sich auf etwas Derartiges einzulassen – und Esther rammte die arme Janice ständig mit ihrem dicken Schädel, als wären sie auf einem Heavy-Metal-Konzert.

Es blieb natürlich nicht aus, dass Esther sich damit bei Brad ebenso wenig lieb Kind machte wie bei Janice. Jeder holde Gatte will der Beschützer seiner Gemahlin sein, also wurde er zusehends nervöser und sagte uns schließlich, wir sollten Esther entfernen. Wenn es heute heißt, Dereks Eltern könnten Esther nicht ausstehen, hat das vermutlich darin seinen Ursprung. Ich kann es durchaus nachvollziehen, wenn Brad und Janice unter den geschilderten Umständen etwas in dieser Richtung empfunden haben mochten – obwohl ich mir inständig gewünscht hatte, dass alles gut verlaufen wäre und Dereks Eltern Esther so sehen würden wie wir: als treue, anhängliche Kameradin.

Unseligerweise bekamen sie nur ihre schweinische Seite zu sehen – was hauptsächlich daran lag, dass Esther sich aufführte wie eine Sau.

Normalerweise ist sie ein herzallerliebstes Tier, aber ausgerechnet an diesem Tag benahm sie sich völlig untypisch: nämlich überhaupt nicht. Dereks Familie war erst seit ein paar Minuten bei uns im Haus, und schon begann

Esther im Flur hin und her zu laufen und dabei lautstark ihr körperliches Unwohlsein in die Welt hinauszugrunzen, was Janice dazu veranlasste, Türen hinter sich zuschlagend in die andere Richtung zu verschwinden.

Janice wird nicht gerne offensiv. Wenn ihr etwas nicht passt, äußert sie ihr Missfallen mittels einer dritten Person (oder mehrerer Dritter). Im Idealfall schart sie eine Gruppe Gleichgesinnter um sich, bevor sie zum Gegenangriff übergeht. Das sah in diesem Falle so aus, dass sie Dereks Schwester anwies, uns zu sagen, dass sie sich vor Esther fürchtete und es sehr zu schätzen wüsste, wenn wir Esther wegsperrten und sie nicht wieder herausließen, ehe der Besuch beendet war. In ähnlicher Weise hatte sie sich seit ihrer Ankunft bereits wiederholt bei Derek beklagt, doch der hatte nicht gerade willig reagiert, so dass sie Nicole auf uns ansetzen musste.

In solchen Situationen zieht Janice sich in den Hintergrund zurück und sieht zu, wie andere auf ihr Geheiß handeln, doch wenn selbst dann irgendwas nicht gleich nach ihren Wünschen klappt, kommt es bei ihr leicht zu hysterischen Gefühlsausbrüchen mit Tränen und hektischen Armbewegungen. Unser Versuch, eine friedliche Koexistenz zwischen Janice und Esther unter einem Dach herbeizuführen, endete denn auch in der tränenreichen Aussage: *Ihr liebt sie mehr als mich!* Nicht gerade das, was man diplomatisches Fingerspitzengefühl nennen würde, aber wo gibt es das heute noch?

Wir sind inzwischen ziemlich immun den Geräuschen gegenüber, die Esther von sich gibt. Wenn Derek und ich alleine im Haus sind, stört sie damit wirklich keinen – wir stehen voll zu ihr. Ist Besuch da, verhält es sich im Prinzip wie mit einem ständig schreienden Baby, vor allem, wenn es das ständig schreiende Baby von jemand anderem ist, denn am Gebrüll des eigenen Kindes stört man sich nach einer Weile fast nicht mehr. *Jemand anderes'* schreiendes Baby ist dagegen der Leibhaftige. Und wenn man sich dann wegen des Geschreis eine Bemerkung einhandelt, hat man ein schlechtes Gewissen.

Es ist ja nicht so, dass ich vor etwas die Augen verschließe. Nicht jeder bringt die emotionalen und/oder körperlichen Voraussetzungen mit, um mit einem riesengroßen Schwein auf engem Raum zusammen zu sein. Das verlangt einem einiges ab – und wir erwarteten von Dereks Eltern, dass sie Bedingungen akzeptierten, die eine Menge anderer Leute auf die Palme getrieben hätten. Wenn man jemanden besucht und von einem eine Vierteltonne schweren Brocken im Haus herumgeschubst wird, würde man sich ganz bestimmt auch wünschen, dass diese Kreatur (und für den Betroffenen ist es natürlich eine Kreatur und kein geliebtes Haustier) weggesperrt wird. Diese Sichtweise kann ich nachvollziehen. Brad und Janice sahen Esther in einem völlig anderen Licht als wir.

Aber es tat trotzdem weh, vor allem, weil ich ja wusste, dass sie schon seit jeher enorme Vorbehalte gegen Esther gehabt hatten. Sie lagen uns ständig damit in den Ohren, dass wir sie schleunigst wieder loswerden sollten und dass Schweine nicht ins Haus gehörten. Sie haben es ja auch nie anders gelernt. Für sie waren Schweine nur dazu da, gegessen zu werden. Wenn es nach ihnen ginge, könnte man ebenso gut eine Wassermelone als Haustier betrachten wie ein Schwein. Und das fänden sie dann wahrscheinlich sogar noch vernünftiger, denn Wassermelonen werden ja nicht mehrere Hundert Kilo schwer und rammen auch keine Leute mit ihrem Kopf.

Ich wurde das Gefühl nicht los, dass sie immer noch glaubten, Derek würde das alles nur mitmachen, weil ich es von ihm verlangte. Ich wusste hingegen, dass das nicht der Fall war und dass auch Derek Esther liebte, aber sie haben nie vergessen, wie sehr sich ihr Sohn seinerzeit aufgeregt hatte, als ich Esther ins Haus brachte. Das ist ihnen fest im Gedächtnis haften geblieben. Und ich möchte an dieser Stelle noch einmal betonen, dass ich die volle Verantwortung für mein damaliges Handeln übernehme – aber inzwischen hatte sich schließlich eine Menge getan.

Nicht, dass das viel half, als Esther anfing, Janice durchs ganze Haus vor sich herzutreiben, bis Janice die Tränen kamen und sie im Schlafzimmer Deckung suchen musste. Und das bereits wenige Minuten nach ihrer Ankunft. Wir waren noch nicht einmal dazu gekommen, das Notstromaggregat einzuschalten, so dass sich diese Szene in kalter, trostloser Finsternis abspielte.

Die Frage, ob wir Esther beim Eintreffen von Dereks Familie nicht besser nach draußen hätten schicken sollen, mag berechtigt sein. Das Problem war bloß, dass kein Tier (und auch sonst niemand) im Garten gut aufgehoben gewesen wäre – der Boden war gefroren und gefährlich glatt.

Aber es half nichts. Selbst ich erkannte, dass der Punkt gekommen war, an dem Esther das Haus verlassen *musste* – und wenn es auch nur für die Zeit sein würde, die wir bräuchten, um das Notstromaggregat anzuschmeißen; denn das hatte jetzt oberste Priorität. Ich ging als eine Art Anstandsdame mit ihr hinaus, auf dass sie sich nicht einsam fühlte, während Derek und Brad sich um den Generator kümmerten. Zunächst sollte der Herd mit Strom versorgt werden und dann der Kühlschrank, damit die mitgebrachten Lebensmittel nicht verdarben.

Dereks Vater ist der richtige Mann für solche Dinge. Einen wie ihn möchte man auf einem sinkenden Schiff an seiner Seite haben. Er verfügt über eine Engelsgeduld (in einer Situation wie der unseren eine immens wichtige Charaktereigenschaft) und ist auch ein großer Stratege. Er und Janice hatten bereits im Oktober festgelegt, was es zu Weihnachten geben würde – bei dem Festessen, das ja nun gar nicht bei ihnen stattfand.

Derek und sein Vater hatten erst seit zehn Minuten versucht, alles zu verkabeln, als das Licht anging. Endlich Wärme *und* Licht! Derek strahlte vor Stolz – bis ihm dämmerte, dass just in diesem Augenblick die ganze Stadt wieder Strom bekam und es nichts mit ihren Bemühungen zu tun hatte. Sicher hätten sie es auch hingekriegt – es war halt nur ein ulkiges zeitliches Zusammentreffen. Und letzten Endes scherte es zu diesem Zeitpunkt niemanden, *wieso* es wieder Strom gab – es zählte nur, *dass* wir wieder Strom hatten und wie Menschen leben konnten. Und falls sich das jetzt so anhört, als wäre ich im Mittelalter oder zu einer anderen Zeit vor Erfindung der Elektrizität elendig zugrunde gegangen, dann entspricht das verdammt noch mal den Tatsachen!

Obwohl Dereks Eltern nun nicht mehr als Gastgeber

fungierten, blieb es bei dem Menü, das sie sich vorgenommen hatten. Wir würden also einen Truthahn im Fettbad zubereiten. Sie waren nicht geneigt, auf Nebensächlichkeiten wie die Tatsache, dass Derek und ich vegan lebten, Rücksicht zu nehmen. Und auch nicht darauf, dass der Grund für unseren Sinneswandel sich draußen im Garten aufhielt, nur ein paar Schritte von der Fritteuse entfernt.

Während ich an der Küche vorbeiging – ich war ja noch draußen mit Esther im Garten, wohin sie sie verbannt hatten –, musste ich zweimal hingucken, als ich sah, wie Brad die Fritteuse unter das Küchenfenster stellte. Das durfte nicht wahr sein!

»Brad«, sagte ich. »Ist das dein Ernst? Willst du die benutzen?«

Es war ja nun keinesfalls zu übersehen, *dass* er sie benutzen wollte, doch trotzdem fehlten mir im ersten Moment die Worte. Ich warf Esther einen Blick zu. Wenn ich mich schon damit abfinden musste, dass Dereks Vater vorhatte, ein totes Tier in die Fritteuse zu tun, so ging es jetzt in erster Linie darum, wie dies möglichst unauffällig über die Bühne gehen konnte.

»Können wir die Fritteuse nicht wenigstens hinterm Haus aufstellen?«, fragte ich. »Esther ist doch hier.«

Er sah erst Esther an und dann mich. »Na und?«

Er kapierte es nicht. »Würdest du das bitte hinterm Haus erledigen? Am Ende der Zufahrt ist eine geschützte Stelle, wo du kochen kannst.«

»Es geht einfacher hier«, antwortete er. »Janice macht doch die ganzen übrigen Vorbereitungen auch gleich in der Küche, wie du siehst.«

Ja. Durch die Tür hindurch konnte ich Janice bei ihren Vorbereitungen sitzen sehen: bloß die Stufen hoch und ein paar Schritte nach links. Ich kenne den Grundriss meines Hauses. Was ich nicht begriff, war, wieso es einen solchen Umstand bedeutete, die Fritteuse keine zehn Meter weiter aufzustellen. Wenn man die Fritteuse hinter dem Haus aufstellte, brauchte man nur das Haus durch die Vordertür zu verlassen, einmal um das Haus herumzugehen und dann die Zufahrt hoch. Insgesamt 35 Schritte. In weniger als einer Minute zu bewältigen. Aber Brad wollte nichts davon wissen.

Zwei Minuten später gesellte sich Nicole in ihrer Eigenschaft als Vollmitglied des Frittierteams zu mir. »Dad möchte den Truthahn draußen vor dem Küchenfenster zubereiten«, sagte sie.

Ja, das ist mir bekannt.

»Die Stufen an der Vordertür sind noch vereist.«

Sie wollte etwas hinzufügen, aber ich schnitt ihr das Wort ab.

»Dort sind Streusalz und eine Schaufel«, sagte ich und zeigte in die entsprechende Richtung. »Gleich da drüben. Weißt du, wie man Eis von den Stufen kriegt? Mit Salz und einer Schaufel. Geht ganz leicht.«

Und dann stand Derek plötzlich hinter mir.

»Vielleicht bringen wir Esther nach unten, damit Dad seinen Truthahn hier zubereiten kann«, schlug er vor. »Er besteht darauf.«

»Nein«, erwiderte ich. Ich hatte Esther schon gegen meinen Willen in den Garten gejagt, und nun wollten sie, dass ich sie im eiskalten Keller einsperrte? Auf keinen Fall!

Ich hatte das Gefühl, zu etwas gezwungen zu werden, damit es nur ja Dereks Eltern recht gemacht wurde. Esther und ich rangierten dabei unter »ferner liefen«. Und ich wusste, dass sich auch Derek in einer verzwickten Lage befand, aber so kamen wir ja nicht weiter. Ein paar Minuten später sah ich, wie das Gatter geöffnet wurde und Brad seine Fritteuse in den Garten schleppte.

»Woanders weht es zu sehr«, erklärte er.

Ich kochte vor Wut. Ganz offensichtlich interessierte es niemanden, *wo* ich diesen Truthahn frittiert haben wollte – ganz zu schweigen von der Frage, *ob*. Es sollte also alles unbedingt neben der Tür zum Garten stattfinden. Dennoch gab ich um des lieben Friedens willen klein bei. Um es endlich irgendwie hinter mich zu bringen.

Es lief darauf hinaus, dass ich Esther nun doch in den Keller brachte, damit sie unter dem Küchenfenster ihren Truthahn frittieren konnten. Dabei war Esther noch immer schwer mitgenommen von den vier Tagen des Frierens und darüber hinaus verwirrt wegen ihrer Rausche – und nun wurde sie außerdem in ihren Käfig gesperrt? Glücklich war sie damit nicht. Also war auch ich nicht glücklich. Ich blieb so lange bei ihr da unten wie möglich, aber irgendwann musste ich mich ja wieder oben blicken lassen.

Sie aßen ihren Truthahn. Derek und ich aßen die Beilagen. Uns blieb gar nichts anderes übrig, denn wir hatten ja nicht damit gerechnet, Weihnachten zu Hause zu essen, also war kein Putenfleischersatz aus Tofu im Kühlschrank. Dafür spülten wir unseren Verdruss mit Alkohol hinunter – weil uns auch hier nichts anderes übrig blieb.

Derek war unzufrieden. Dereks Mutter war unzufrieden. Ich war unzufrieden. Esther war unzufrieden. Wir wussten, dass Dereks Eltern gar nicht hier bei uns sein wollten. Aber wir zogen das Weihnachtsessen tapfer durch – und damit glichen wir vielen anderen Familien, die an diesem Abend gemeinsam beim Festmahl saßen. Angesichts all der Generationsunterschiede und der politischen und ideologischen Differenzen heutzutage fragt man sich, wie viele Familien überhaupt noch glücklich und zufrieden sind, wenn sie gemeinsam Weihnachten feiern?

Wir benahmen uns zivilisiert. Keine Sticheleien, keine vorwurfsvollen Blicke, keine unausgesprochenen Vorhaltungen. Trotzdem hatten das Truthahnszenario und das ganze Drumherum Derek und mir gründlich die Stimmung verdorben, aber ich wollte nicht noch Öl ins Feuer gießen. Bestimmt war es Dereks Eltern ausgesprochen lästig, dass sie am Heiligabend zu uns gekommen waren und daher nicht Dereks Großeltern oder andere Verwandte besuchen konnten – wobei man nicht erwarten durfte, dass sie auch nur einen Gedanken daran verschwendeten, wie lästig es *uns* gefallen wäre, zu ihnen zu fahren. Es war ein Martyrium für alle Anwesenden. Wir mussten zusehen, dass wir unseren Frust in Alkohol ertränkten, damit keinem von uns der Kragen platzte.

Später an diesem Abend packten wir auf dem Fußboden die Geschenke aus. Wir hatten keinen Baum, also war es der unfestlichste Weihnachtsabend, den es bei uns je gegeben hatte, aber wir versuchten, das Beste daraus zu machen.

Während wir kollektiv auf dem Boden hockten und so

taten, als wäre alles Friede, Freude, Eierkuchen, tauschten Derek und ich verstohlene Blicke aus, lächelten in uns hinein und hatten beide den gleichen Gedanken: *Das passiert uns nie wieder.*

Und die ganze Zeit saß die arme Esther in Quarantäne, damit Dereks Mutter ihre Ruhe hatte. Brad und Janice gingen zeitig zu Bett; Derek, seine Schwester, ihr Freund und ich köpften noch eine Flasche Wein.

Unser Besuch reiste früh am nächsten Morgen ab – sichtlich erleichtert, es hinter sich zu haben. Auch Derek und ich waren heilfroh, aber immerhin war es ein Weihnachtsfest gewesen, das wir garantiert nie vergessen würden. Wir haben Freunde, die Weihnachten *niemals* mit ihren Familien zusammen sind, und ich habe mich immer gefragt, warum das wohl so ist. Mit zunehmender Erfahrung werden mir die Gründe dafür klarer.

Das Weihnachtsfest hatte uns andererseits schmerzhaft vor Augen geführt, dass wir unserem kleinen Haus entwachsen waren. Sowie der Strom erst einmal wieder da war, hätte eigentlich alles normal seinen Lauf nehmen sollen, aber wir hockten einfach viel zu eng aufeinander, so dass aus einem alltäglichen Familienbesuch ein absolutes Fiasko geworden war. Ganz abgesehen von dem Eisregen war das Haus zu klein geworden für die, die jetzt darin lebten. Es brauchten bloß noch Besucher hinzuzukommen, und die Katastrophe trat ein. Es wurde Zeit, sich an den Gedanken zu gewöhnen, dass wir hier rausmussten.

7

Seien wir ehrlich: Jeder von uns sucht gerne einen Grund zu feiern. Neben den üblichen Feier-, Geburts- und Jahrestagen gibt es im Leben nicht viele immer wiederkehrende Entschuldigungen dafür, einen draufzumachen. Gut, da bieten sich auch noch Hochzeiten, Beförderungen und Schwangerschaften an. Und … Freitage, Mahlzeiten (Essen hält Leib und Seele zusammen) und wenn man es gerade noch bei Gelb über die Ampel schafft, ehe sie auf Rot umspringt.

Also schön, es gibt wohl doch allerhand Anlässe zum Feiern, vor allem, seit es um sich greift, dass fast jeder beliebige Tag zu irgendeinem Gedenktag umgemünzt wird, zum Pfannkuchentag, zum Tag der Linkshänder – was noch alles? Das hielt Derek und mich nicht davon ab, ebenfalls unseren eigenen Meilenstein zu setzen, als Esthers Fangemeinde immer größer wurde. (Ich habe nie einen Hehl daraus gemacht, dass wir gerne eine Party steigen lassen.)

Ende Februar bekam Esthers Seite ihr hunderttausendstes Like, und das, obwohl wir gerade mal achtzig Tage online waren, also beschlossen wir, diesen Rekord würdig zu feiern. Zu diesem Zweck ritzten wir die Zahl 100 000 in eine Wassermelone und überreichten sie Esther – eine essbare Trophäe. Wie Sie sich vorstellen können, machte sie sich gleich darüber her und biss hinein. Wassermelonensaft spritzte in alle Richtungen – *überallhin*. Wir hatten die Übergabe dummerweise im Haus stattfinden lassen, was weitreichende Folgen nach sich zog: An der Decke, an den Küchenschränken … sogar im angrenzenden Zimmer waren Spritzer.

Und dann meldete sich jemand vom *Toronto Star*, weil sie eine Story über uns bringen wollten. Seit der ersten Dezemberwoche, als die Seite ins Netz gestellt worden war, hatten wir die Dinge mehr oder weniger geschehen lassen. Die Leute nahmen Kontakt zu uns auf, und wir reagierten, und es kam uns alles ganz harmlos vor, denn es fand ja online statt. Virtuelle Kommunikation verleiht einem eine Armeslänge Sicherheitsabstand.

Aber der *Star* war *die* Zeitung in unserer Gegend, und selbst im digitalen Zeitalter, in dem sich die journalistischen Printmedien immer mehr auf dem Rückzug befinden, will das etwas heißen. Der *Star* ist die größte Tageszeitung in *ganz* Kanada, er erscheint seit über 120 Jahren und erreicht nach wie vor eine tägliche Auflage von mindestens 350 000 Exemplaren – das wäre selbst für eine Tageszeitung in den USA äußerst beachtlich, und man darf dabei nicht vergessen, dass Kanada im Vergleich zu den Vereinigten Staaten nur etwa ein Zehntel von deren Einwohnerzahl hat.

Obwohl wir also weiterhin ängstlich bemüht waren, Esthers Anwesenheit in unserem trauten Heim nicht *allzu* publik zu machen (wobei eher das Gegenteil der Fall zu sein scheint …), konnten wir dem *Toronto Star* beim besten Willen nicht absagen. Auch wenn ich mich bereits an anderer Stelle über unsere Schwierigkeiten mit dem geltenden Grundstücksrecht und dem ganzen Firlefanz ausgelassen habe, muss doch jedem, der dies liest, klar sein, dass wir stolz auf unser Mädchen waren und ihr zu gerne ihren Augenblick im Rampenlicht gönnen wollten! Und falls der Schuss nach hinten losging, mussten wir eben weitersehen. Wie ich schon sagte, wussten wir ja, dass wir so oder so irgendwann würden umziehen müssen – und auch, dass uns noch etwas Zeit zum Planen bliebe, sobald das Urteil gesprochen war ... Obwohl wir uns noch keine konkrete Vorstellung davon machten, was am Ende dieser Planungen herauskommen sollte.

Wir hofften, mit dem Zeitungsartikel noch etwas anderes zu bewirken. Wir wollten, dass die breitere Öffentlichkeit von der Veränderung unserer persönlichen Lebensumstände wegen Esther erfuhr. Wir wollten, dass alle Welt Esthers Lächeln sah und begriff, dass dieses zauberhafte Tier ihnen ihren Frühstücksspeck lieferte. Aber wir wollten gleichzeitig klarstellen, dass niemand aus schierer Begeisterung über Esther gleich losrennen und sich selber ein Schwein kaufen sollte. Esther hatte unser Leben glattweg umgekrempelt; es war uns zwar geglückt, schließlich alles auf die Reihe zu kriegen, doch dürften die meisten Menschen hoffnungslos damit überfordert sein, es uns gleichzutun.

Mit der Zeit brachten wir auch mehr über die unverhoffte Mutation von Zwerg- bzw. Minischweinen in Erfahrung. Offenbar war ich längst nicht der Einzige, der darauf hereingefallen war; vielmehr werden Leute *am laufenden Band* auf diese Weise hereingelegt. Man könnte ja darüber lachen, wenn es nicht so grausame Folgen hätte, denn fast immer sind es die Schweine, die darunter zu leiden haben. Sie werden dann in Tierheimen abgeliefert, manche werden notgeschlachtet. Wir fühlten uns verpflichtet, die Menschen zu warnen, damit sie nicht in die gleiche Falle tappten.

Unsere Story landete auf der zweiten Seite des *Star*, und es war nicht bloß ein kleiner Absatz mit einem briefmarkengroßen Bildchen dazu, wie wir befürchtet hatten, sondern eine bemerkenswert gut aufgemachte, ins Auge springende Reportage. Eine solche Publicity ist nicht mit Gold aufzuwiegen. Als würden wir der Publikumsmagnet zur besten Sendezeit im Fernsehen und das Topthema bei Twitter gleichzeitig sein. Die Reaktion ließ nicht lange auf sich warten – und zwar in gigantischem Ausmaß. Schon wollten zwei kanadische Fernsehsender – *City* und *Global* – Esthers Story als Feature bringen. Wir waren inzwischen an einem Punkt angelangt, an dem wir zu so gut wie allem »Ja« sagten, denn mittlerweile war die Katze – oder vielmehr die Sau – eh aus dem Sack.

Nach einer Weile wurde der Rummel aber zur Routine. Wir brachten das Haus auf Vordermann und beantworteten die üblichen Fragen, wie Esther in unser Leben getreten war und was sich seitdem für uns und ihren immer schneller wachsenden Stamm von Anhängern verändert hätte. Und jedes Mal, wenn wir glaubten, das Leben hätte wieder in normale Bahnen zurückgefunden, passierte etwas Neues. Unsere Geschichte schien überall ihre

Kreise zu ziehen. Unsere Freunde und unsere Familien waren begeistert, dass wir quasi Starruhm erlangt hatten – und das nur, weil wir ein Schwein bei uns im Haus hielten. Dennoch mussten wir uns nun auch auf die Kehrseite der Medaille einstellen; wir waren »an die Öffentlichkeit gegangen«, und zwar so massiv, dass es kaum jemandem entgangen sein dürfte. Also würde uns wohl demnächst ein Umzug bevorstehen.

Unsere Tage in Georgetown waren gezählt.

Derek und ich hatten inzwischen bereits darüber gesprochen, uns nach einer Farm umzuschauen. Je weitgreifender unser Leben sich veränderte, desto mehr schien uns das eine vernünftige Lösung zu sein. Im Moment war es zwar noch ein Traum, und zwar ein ziemlich hochfliegender, aber trotzdem gärte es in uns, ob dieser Traum nicht vielleicht doch Realität werden könnte. Wie wäre es, wenn wir uns nun eine Farm *kauften*? Und dort eine Zufluchtsstätte schufen, um viele Tiere wie Esther aufzunehmen?

Wir beschlossen, die Idee zu posten und andere Meinungen einzuholen. Esthers Fans waren so in ihre Geschichte involviert, dass es uns schon interessierte, was sie davon hielten. Und irgendwo, tief unterbewusst, hofften wir wohl auch, jemand aus diesem großen Personenkreis würde uns mit einer saftigen Ohrfeige auf den Boden der Tatsachen zurückholen – so einer, wie Cher sie Nicholas Cage in dem Film *Mondsüchtig* verpasst. Das brauchten wir einfach. Man konnte ja sehen, was dabei herauskam, wenn man uns uns selber überließ: zwei Männer, zwei Hunde, zwei Katzen und ein Schwein auf 90 Quadratmetern.

Also posteten wir, dass wir die Idee hätten, aufs Land zu ziehen, dort eine Farm zu kaufen und sie in ein Asyl für heimatlose Tiere umzuwandeln. Die Reaktion von Esthers Fans war überwältigend positiv. Wir bekamen auch eine Nachricht von einer Maklerin aus der Gegend, die uns schrieb, ihre Eltern besäßen eine Schweinefarm, die sie uns gerne mal zeigen würde.

Die Sache schien Gestalt anzunehmen. Oder konnte es sein, dass alles etwas zu reibungslos über die Bühne ging?

Die Maklerin fuhr mit uns zu der Farm hinaus. Mir gefiel sie ganz gut, aber Derek war alles andere als begeistert. Sie bestand aus einer gestreckten, flachen Scheune. Eher wie ein langes, hässliches Haus, an das eine Hütte angebaut war, in der wir wohnen würden. Nicht gerade überwältigend, um es milde auszudrücken. Außerdem musste ich mich darauf verlassen, dass Derek einen kühlen Kopf behielt, damit ich nicht den Überblick verlor. Ich ließ mich von der Vorstellung, ein eigenes Stück Land zu besitzen, wohl zu leicht mitreißen. Da noch keine Dringlichkeit geboten war, legten wir die Geschichte für etwa einen Monat auf Eis.

Wir hatten bis jetzt ja nur diese eine, nicht eben berauschende Farm besichtigt, aber auch diese eher ernüchternde Erfahrung änderte nichts daran, dass wir uns mit der Idee von der Farm gegenseitig einen Floh ins Ohr gesetzt hatten. Also beschlossen wir, uns weiter umzuschauen.

Die Farm fanden wir schließlich ganz unversehens. Ich war auf der Suche nach Angeboten für einen Kunden und zeigte ihm und seiner Frau zufällig gerade ein Objekt zwei Häuser weiter. Als ich danach noch herumstöberte, stieß ich auf die *Cedar Brook Farm*. Meine Kunden suchten etwas in einem ganz anderen Preissegment als Derek und ich – fast dreihunderttausend Dollar über unserem Budget –, und diese Farm war bestimmt kein Objekt, das ich meinen Kunden vorschlagen würde. Aber ich las mir die Beschreibung trotzdem durch und wollte den Fotos eigentlich nur einen flüchtigen Blick gönnen, denn ich hatte ja die ganze Zeit im Hinterkopf, dass ich auch für uns selber auf der Suche war. Wie hätte ich ahnen sollen, dass auf den Fotos genau das zu sehen sein würde, was ich mir für Derek und mich wünschte? Diese Bilder musste ich unbedingt Derek zeigen.

Bis zu diesem Moment war es vorerst nicht mehr als ein Traum gewesen, eine Zufluchtsstätte für Tiere zu gründen oder zu betreiben, auch wenn auf Facebook schon eifrig darüber diskutiert wurde. Ein wundervoller Traum zwar, aber im allerbesten Fall eben bloß Zukunftsmusik – nichts, was an diesem Punkt unseres Lebens von Belang war.

Doch diese Fotos …

Ich bekam sie nicht mehr aus dem Kopf. Und dafür, dass man sie sich in den Kopf gesetzt hat, ist eine Farm ein sehr sperriges Objekt.

Ich druckte mir das Angebot aus und fuhr extra in mein Büro, um auch die Fotos farbig auszudrucken. Dann fuhr ich nach Hause und zeigte sie Derek.

»Das Ding müssen wir uns ansehen«, sagte ich.

Ich ließ den Blick nicht von Derek, während er sich das Angebot durchlas und eingehend die Fotos studierte.

Seine Augen wurden immer größer. Und hatte ich da eben etwas leuchten sehen?

Dann hörte ich ihn durch die Nase schnauben.

Das war's jetzt, dachte ich. *Er hat den Preis entdeckt.*

Er sah mich an, wie ein Vater ein Kind ansieht, das verschmierte Schokolade und lauter Krümel im Gesicht hat und gleichzeitig schwört, nichts von dem Kuchen gegessen zu haben. Diesen Blick kannte ich gut. Und ebenso gut kannte ich dieses Funkeln in seinen Augen. Aus welchen Gründen auch immer: Er erklärte sich bereit, noch am gleichen Tag mit mir dort hinzufahren. »Um nur mal einen Blick darauf zu werfen«, sagte er.

»Das wird aber nicht wieder so laufen wie hier in Georgetown«, fügte er noch hinzu, und ich wusste genau, worauf er anspielte. Bevor wir unser Haus in Georgetown gekauft hatten, hatte ich es einem Kunden gezeigt, dann aber sofort Derek angerufen und ihm gesagt, ich hätte unser Traumhaus gefunden und er müsse sofort kommen. Er kam, und noch am selben Abend unterschrieben wir den Vertrag.

»Diese Lage!«, schwärmte ich. »Da fehlen einem die Worte.« Er konnte mir nur beipflichten.

Auf den Preis traf das allerdings auch zu.

Ehrlich gesagt hatte ich nicht damit gerechnet, dass die Farm aus der Nähe betrachtet tatsächlich all unsere Erwartungen erfüllte. Wann hat man schon mal so viel Glück im Leben? Ich wusste, dass unser Besichtigungsbesuch dort so ausgehen konnte wie das erste Treffen mit jemandem, den man übers Internet kennengelernt hat. Das Objekt der Begierde wirkte im Chatroom ja so geistreich und sah auf den Fotos einfach hinreißend aus, doch bei der Begegnung von Angesicht zu Angesicht zeigt sich dann, dass das Foto mindestens zehn Jahre alt und aus einem ganz geschickten Winkel aufgenommen worden war, so dass man darauf weder das sich lichtende Haar erkennt, noch dass die betreffende Person schielt – und nebenbei sieben Zentimeter kleiner ist und zwanzig Kilo mehr wiegt, als sie von sich behauptet hat – und über so viel Charme verfügt wie ein Reiskuchen.

Nur dass dieses »Blind Date« so aussah wie ein gemeinsames Kind von George Clooney und Megan Fox – unbeschreiblich in seiner Vollkommenheit. Genau das traf auf die Farm zu, wie wir beide fanden. Das war die erfreuliche Erkenntnis; die andere bereitete mir Seelenqualen: Wir würden sie uns nie im Leben leisten können.

Aber ich musste sie haben.

Ich war verliebt in sie. (Ich weiß. Das passiert mir öfter. Ich sollte daran arbeiten.)

Sowie wir in die Auffahrt einbogen, hatte der Besitz sofort etwas Märchenhaftes an sich – von dem gewundenen Fahrweg zum Haus, der einen Fluss überquerte, über das dichte Wäldchen, das die Gebäude von der Straße abschirmte, bis zu der jahrhundertealten Steinmauer, die das 20 Hektar große Anwesen in zwei Hälften teilte. Atemberaubend.

Wir waren noch nicht einmal aus dem Wagen ausgestiegen, als wir uns schon ansahen und beide sagten: »Das ist es.« Es gibt Momente im Leben, da weiß man so etwas einfach – wie damals bei meiner ersten Begegnung mit Derek zum Beispiel, oder als ich Esther das erste Mal zu Gesicht bekam. Wir wussten, dass dies *unsere Farm* war.

In der Scheune hatte eine schmutzige Staubschicht alles überzogen; Spinnweben hingen einen Meter tief von der Decke herunter. Sie war offenbar als Lagerplatz für Schrott und Müll verwendet worden. Bis auf die teils verfallene Steinmauer gab es keinerlei Zäune – aber aus alledem ließ sich viel machen. Das Haus war solide gebaut und so weit in Ordnung, wenn es auch vom Stil her absolut nicht unserem Geschmack entsprach. Es fehlten ihm darüber hinaus Dinge, von denen wir geglaubt hatten, dass es sie in *allen* Häusern gäbe – etwa eine Heizung oder wenigstens ein Kamin. Und wie Sie ja wissen, können wir uns Schöneres vorstellen, als uns den Hintern abzufrieren. Aber es ging gar nicht so sehr um das Haus oder die Scheune oder die nicht vorhandenen Zäune. Es war etwas an dem Grundstück selber, in das wir uns beide spontan verliebt hatten. Und obwohl es einen Haufen Arbeit bedeuten würde, bis wir alles zumindest kosmetisch hergerichtet hätten, wussten wir, dass wir am Ziel unserer Wünsche waren.

Zu meiner Verblüffung wollte Derek sofort zuschlagen, wogegen ich angesichts der Kosten zunächst kalte Füße bekam. *»Das wird aber nicht wieder so laufen wie hier in Georgetown«* – was war daraus geworden? Nun war ich derjenige, der einen kühlen Kopf bewahrte – wer hätte das gedacht? Alles war mindestens eine Dimension größer, als wir es brauchten. Andererseits wollten wir uns ohnehin verändern, um uns in unserem neuen Leben mit Esther einzurichten, und da kam das vielleicht gar nicht so ungelegen. Bei allem, was man daran auszusetzen finden mochte, würde die Farm den idealen Ort für einen Tiergnadenhof abgeben. Gemessen an Dereks und meinen Lebensumständen zu dieser Zeit wäre der Kauf des Anwesens blanker Unsinn, doch angesichts einer dankbar lächelnden Esther und der ermunternden Worte von unzähligen Fremden schienen wir einen Volltreffer gelandet zu haben.

Wir hatten das Gefühl, dass dies unsere Chance wäre – so kitschig es sich auch anhören mag –, unseren Teil zur Veränderung der Welt beizutragen. Irgendwo muss man ja anfangen. Wir waren wirklich überzeugt, hier etwas erreichen zu können. Als wäre hier einfach *alles* möglich.

Wir wären schon zufrieden damit gewesen, in ein Häuschen auf einem Hektar Land zu ziehen und weiter so mit Esther zu leben wie bisher, doch nun bot sich uns die Gelegenheit, möglicherweise etwas aufzubauen, wovon wir nie zu träumen gewagt hätten, und wie konnten wir uns die entgehen lassen – trotz aller berechtigten Vorbehalte?

Oder machten wir uns etwas vor? Jeder, der uns kannte, musste uns für übergeschnappt halten. Ich konnte mir richtig vorstellen, was unsere Freunde sagen würden: *Ihr seid zwei Typen mit einem Schwein. Wie wollt ihr die halbe Million Dollar aufbringen, die ihr garantiert braucht, um dieses Land zu kaufen?* (Und das auch bloß unter der Voraussetzung, dass die Eigentümer auf ein so mickriges Gebot eingehen würden.)

Aber dann posteten wir die Idee auf Esthers Facebook-Seite – wir benutzten die Seite gerne als eine Art Kristallkugel. Wir hätten ein Objekt gefunden, das uns sehr gut gefalle und das wir gerne in ein Heim für heimatlose

Tiere umbauen würden, schrieben wir, und ließen auch das Dilemma mit dem Kaufpreis nicht unerwähnt. So eine Flut von zustimmenden Kommentaren hatten wir noch nie erlebt. Ein Nutzer nach dem anderen feuerte uns an, unser Vorhaben umzusetzen: *Wir stehen hinter euch, folgt eurem Herzen, ihr wisst, dass ihr das schaffen könnt, nur zu!* – und alle anderen möglichen Beifallsbekundungen; eine nicht enden wollende Serie von derart ermunternden Zusprüchen. Irgendwann waren es dann 100 000 begeisterte Anhänger unserer Idee, die uns Mut machten. In manchen Posts wurde uns angeboten, uns mit Rat und Tat zu unterstützen oder finanziell etwas beizusteuern – und so kamen wir auf den Gedanken, unser Projekt mit Hilfe des Internets zu finanzieren.

Nach diesem überwältigenden Echo blieb uns wohl auch kaum eine andere Wahl, als ein Gebot für die Farm in den Raum zu stellen und abzuwarten, was passierte. Würde unser Gebot akzeptiert, müssten wir uns damit auseinandersetzen, wie es weiterginge – und falls nicht, hatten wir es wenigstens versucht. Die Reaktion auf die Facebook-Seite war es, die uns die Gewissheit gab, unter Umständen etwas viel Größeres zustande bringen zu können, als wir ursprünglich vorgehabt hatten.

Also stürzten wir uns Hals über Kopf in das Abenteuer.

Danach ging alles Knall auf Fall, was sicher keinen überraschen wird. Wenn ich mich entscheide, etwas zu tun, kann ich es nicht ausstehen, erst lange Däumchen zu drehen. Man mag das eine Stärke nennen oder eine Schwäche – manchmal ist es beides zugleich mit allen dazugehörigen Konsequenzen –, aber ich bin schon immer einer gewesen, der nicht lange fackelt. Derek und ich hatten die Farm besichtigt, die Sache durchdiskutiert, uns Rat bei unserer Facebook-Gemeinde eingeholt und ein Gebot abgegeben, und das alles innerhalb von lächerlichen drei Tagen. Die Unterstützung unserer Freunde auf Facebook reichte, um uns zu der Überzeugung gelangen zu lassen, dass wir es schaffen konnten, und das wiederum gab uns den Mut, ein Angebot in Höhe des Mindestkaufpreises abzugeben, allerdings mit einem auf sechzig Tage befristeten Finanzierungsvorbehalt.

Als ich das Gebot abgab, wusste ich verdammt gut, dass es eigentlich vollkommen inakzeptabel war. Ich bin ja selber Makler und weiß, dass es geradezu dreist ist, um einen sechzigtägigen Vorbehalt zu ersuchen; vor allem, wenn der Immobilienmarkt brummt. Wir verlangten ja praktisch von den Verkäufern, die Farm für zwei Monate vom Markt zu nehmen, obwohl man uns bereits mitgeteilt hatte, dass noch ein weiteres Angebot vorlag. Ebenso gut konnten wir Bradley Coopers Agenten fragen, ob sein Star für eine Minigage in der Verfilmung von Esthers Lebensgeschichte mitspielen würde – als Esther.

Während ich den Papierkram vorbereitete, setzte ich all dies Derek auseinander, um ihm – und auch mir selber – eine allzu große Enttäuschung zu ersparen, falls unser Angebot abgelehnt würde. Aber höher konnten wir einfach nicht gehen; wir konnten keine vierhunderttausend Dollar aus dem Ärmel schütteln – das war nämlich die Summe, von der wir meinten, sie als Anzahlung auf den Tisch legen zu müssen, um dann den Restkaufpreis abzustottern. Es ist schon bemerkenswert, wie schnell man wieder in der Realität ankommt, wenn man sich erst einmal in Ruhe mit einer Sache beschäftigt und nicht mehr auf einer Wolke schwebt, getragen vom unerschütterlichen Optimismus von einhunderttausend Wildfremden – denen wir herzlich dankbar waren, von denen es aber bisher kein Einziger auf sich genommen hatte, uns bei der Bezahlung der Farm unter die Arme zu greifen.

Ich wollte nur, dass wir auf alles vorbereitet waren, denn die Farm hatte es uns mächtig angetan. Also setzten Derek und ich uns zu einem Gespräch unter vier Augen hin und kamen überein, dass wir lieber nicht damit rechnen wollten, dass die Eigentümer der Farm unser Angebot akzeptieren würden, dass wir es aber nichtsdestotrotz wenigstens versuchen mussten, weil wir es uns sonst ewig vorwerfen würden: *Erinnerst du dich noch an diese fantastische Farm? Stell dir bloß mal vor, wir hätten damals ein Angebot abgegeben, und sie hätten* Ja *gesagt…*

Als das Angebot fertig war, um unterbreitet zu werden, wusste ich, dass ich es nicht so würde vorbringen können, wie ich es mir vorstellte, denn schließlich standen wir ja im Wettstreit mit einem anderen Bieter, und außerdem sind Derek und ich viel zu emotional veranlagt. Also fragte ich die Maklerin, die wir mit der Kaufabwicklung beauftragen wollten, ob ich mit dem Angebot auch ein kurzes Anschreiben faxen konnte, damit die Eigentümer der Farm ein wenig über uns erfuhren.

In diesem Schreiben erzählten wir unsere Geschichte. Wir erklärten, warum wir uns Cedar Brook angesehen hatten, wie sehr wir uns in die Farm verliebt hätten und was wir damit zu tun gedächten. In der Hoffnung, dass den Verkäufern unsere Idee gefallen würde und sie uns dabei unterstützen wollten, legten wir offen unsere Karten auf den Tisch. Ich drückte ein bisschen auf die Tränendrüsen, damit sie merkten, dass die Farm für uns nicht bloß eine Immobilie darstellte, sondern einen echten Neubeginn, mit dem wir etwas bewegen wollten.

Es ging uns auch darum, den Eigentümern klarzumachen, dass wir keinesfalls vorhatten, die Farm niederzureißen, um dort eine Villa hinzustellen. Cedar Brook befand sich inmitten eines großen Erschließungsgebietes; anderen Interessenten würde es vermutlich gar nicht um die Farm gehen, sondern um das Grundstück, das sie dann in einzelne Parzellen aufteilen und als Bauland für pompöse Vorstadthäuser verkaufen konnten, von denen eines aussah wie das andere.

Wir aber wollten die Farm als Farm behalten, wir wollten ihren typischen Charakter bewahren, und wir hofften, dass das auch den jetzigen Eigentümern ein Anliegen war – vor allem, da wir erst die dritten Besitzer sein würden, die nicht mehr zu der Familie gehörten, die das Flurstück 1860 besiedelt hatte. Wenn die Farm an jemand anderen ginge, wäre ihre traditionsreiche Geschichte sehr wahrscheinlich bald passé.

Als Nächstes käme die Angelegenheit mit der Sicherheitsleistung. Wir besaßen nur fünftausend Dollar, die wir sofort aufbringen konnten – was schon wieder einer Dreistigkeit gleichkam, wie wir wussten, denn das war ungefähr die Summe, die man beim Kauf eines Hauses für zweihunderttausend Dollar als Sicherheit zu hinterlegen pflegte. Wir verlangten also nicht bloß, dass sie die Farm sechzig

Tage lang für uns reservierten, damit wir Zeit hätten, festzustellen, ob wir überhaupt das Geld für die Anzahlung würden aufbringen können, sondern gingen auch noch mit einem Almosen an Eigenkapital ins Rennen. Kein Spieler würde einen roten Heller auf uns setzen, sondern lieber seine verbliebenen Chips zusammenraffen, dem Croupier ein Trinkgeld geben und sich verkrümeln. (Man sollte bei Croupiers und Bedienungspersonal übrigens niemals am Trinkgeld sparen. Das bringt schlechtes Karma.)

Man stelle sich das einmal vor: Man kommt auf jemanden zu, der sein Haus verkaufen möchte, und sagt: *Hallo, mir gefällt Ihr Haus richtig gut, und ich würde es gerne kaufen, aber ich habe kein Geld und muss erst mal sehen, wo ich eine halbe Million Dollar herkriege, bevor's losgeht. Also … könnten Sie bitte sechzig Tage warten, während ich das Unmögliche versuche?* Niemand, der seine fünf Sinne beisammenhat, würde auf so etwas eingehen, vor allem nicht, wenn ihm ein Angebot von jemandem vorlag, der gegebenenfalls sofort in bar zahlen würde – das konnten wir ja schließlich nicht wissen.

Es waren also nicht nur unsere erbärmlichen fünftausend Dollar Anzahlung, die aus unserem Gebot den reinsten Witz machten, sondern die Kombination mit unserem Begehren nach einer sechzigtägigen Reservierungsfrist, damit in dieser Zeit kein anderer an die Farm herankonnte. Dieses Ansinnen alleine war praktisch schon unser Todesurteil.

Ich verkaufe seit elf Jahren Häuser und habe noch niemanden gesehen, der ein Angebot wie das unsere angenommen hätte. Zwar erklärten wir uns im Prinzip bereit, auch eine höhere Anzahlung zu leisten, doch hing diese davon ab, ob es uns gelang, die nötigen Mittel dazu aufzubringen – und hoffentlich auch, das, was wir fest zusagten, in die Tat umzusetzen. Darüber hinaus mussten die Verkäufer uns den Vertrauensvorschuss einräumen, dass wir das alles innerhalb von einigen Tagen über die Bühne brachten. Viel Glück, konnte man da nur sagen.

Und dann … ob Sie es glauben oder nicht …

Unser Gebot wurde akzeptiert!

(Natürlich glauben Sie es, denn es wäre ja schade, wenn der letzte Satz dieser Geschichte lauten würde: *Die haben uns vom Hof gejagt, und seitdem wohnen wir in einem extrabreiten Wohnwagen hinter dem Walmart.* Aber versetzen Sie sich doch einen Moment lang in unsere Lage.)

Die plötzliche Zusage traf uns völlig unvorbereitet. Die Eigentümer riefen sogar noch an, um uns zu sagen, dass sie an unserem Gebot fast nichts auszusetzen hätten; es seien für den Vertrag nur ein paar kleine Anpassungen und Korrekturen vorgenommen worden, wie etwa beim Übergangsstichtag, doch ansonsten sei alles Grundsätzliche so geblieben. Es gab also nichts, was noch Zweifel in uns hätte aufkommen lassen können. Der Ball lag jetzt in unserem Feld.

Nun gut.

Oder auch nicht.

Jetzt müssen wir uns ernsthaft mit der Situation auseinandersetzen.

Wie sagt man so schön – überlege dir gut, was du dir wünschst, denn es könnte in Erfüllung gehen. In dieser Lage befanden wir uns.

Es war ungefähr so, als ginge man auf den hübschesten Jungen der ganzen Schule zu – oder meinetwegen auf das hübscheste Mädchen der ganzen Schule, je nachdem, auf welches Geschlecht man steht – und würde den- oder diejenige fragen, ob er oder sie nicht mit einem ausgehen will. Man erwartet nie im Leben, dass es klappt, also gibt es nichts zu verlieren! Höchstens etwas von seinem Stolz, aber man weiß ja, dass man sich höchstwahrscheinlich sowieso eine Absage einfängt. Nicht weiter wild. Man ist ja auch nicht am Boden zerstört, wenn man einen einzigen Lotterieschein kauft und nicht gleich eine Million gewinnt.

Aber so fühlten wir uns. Man hat seinen Traummann oder seine Traumfrau gefragt, und nun muss man den Traummann oder die Traumfrau ausführen. Doch hier ging es um mehr als bloß eine Verabredung – das war schon eher ein Heiratsantrag.

Uns blieben höchstens ein paar Stunden, um zu entscheiden, ob wir den Vertrag unterschrieben und damit an unser Gebot gebunden waren – oder uns von unserer Traumfarm verabschiedeten. Dazu kam, dass Esther sich ausgerechnet jetzt eine Erkältung eingefangen hatte.

Derek und ich waren beide ziemlich durch den Wind. Mit einem Mal war alles *real* geworden. Wie sollten wir das Geld zusammenkratzen? In dem Moment, in dem die Eigentümer uns den Zuschlag gaben, begann die Uhr zu ticken. Wir mussten uns jetzt schnellstens überlegen, wie wir das wohl hinkriegten.

Wir hatten schon die ganze Zeit an *Fundraising* gedacht – eine Finanzierung über Spenden oder stille Teilhaberschaften, zu der im Internet aufgerufen wird. Wir hatten mehrfach von derartigen Aktionen gehört. Ein Typ hatte auf diese Weise sogar eine Produktion von Makkaroni und Käse aufgezogen und viel Geld damit gemacht. Da hatten wir doch etwas deutlich Attraktiveres vorzuweisen.

Leider hatten wir absolut *null* Ahnung, wie man so eine Spendenkampagne aufzieht.

Wir wussten nicht, wo wir anfangen und welche Internetplattform wir nutzen sollten. Es gab so viele zur Auswahl: *Kickstarter, Indiegogo, GoFundMe, Helpmebuyasandwich.com* – alles, was man sich nur wünschen konnte, wobei wir die Letztere schon ziemlich bald von unserer Liste gestrichen haben. Aber welche sollten wir dann wählen? Wie funktionierte das Ganze? Welche Gebühren würden dabei für uns entstehen?

Die nächste große Frage: Welches Ziel sollten wir uns setzen? Zweihunderttausend? Vierhunderttausend? Sechshunderttausend? Und es wurde höchste Zeit, dass wir in die Hufe kamen!

Das war der Moment, in dem uns alles über den Kopf zu wachsen drohte. Wir machten uns gerade daran, den Kauf von etwas in die Wege zu leiten, was wir uns unter keinen Umständen leisten konnten. Wir hatten uns in eine Lage manövriert, in der wir Gefahr liefen, alles zu verlieren, wenn wir einen Fehler machten. Unsere Hypothekenzinsen würden sich ungefähr verdreifachen, die Tiere würden Futter brauchen – wie viele könnten wir überhaupt aufnehmen? Eine endlose Kette von Fragen, und es kam uns vor, als hätten wir nur wenige Minuten, um jede einzelne zu beantworten. Die Dinge überschlugen sich.

Wir legten unser Ziel auf vierhunderttausend fest und entschieden uns für Indiegogo, weil diese Plattform uns am flexibelsten erschien. Kickstarter ließ keine Spendenkampagnen zu, die dem Kauf einer Immobilie dienten; außerdem würde das ganze Geld an die Unterstützer zurückerstattet, wenn wir mit unserer Kampagne auf Kickstarter online gingen, aber die anvisierte Summe dann nicht zusammenkam. Bei Indiegogo gab es so gut wie keine Einschränkungen; sie berechneten drei Prozent Provision, wenn wir unser Ziel erreichten, und neun Prozent, wenn nicht. Dafür gab es bei Indiegogo etwas, was sich »flexibles Funding« nannte – falls wir unser Ziel nicht erreichten, würden wir das zusammengekommene Geld trotzdem zur Verfügung haben; wir müssten dann halt die höhere Provision bezahlen.

Wir rechneten uns aus, dass wir, wenn bei einem Fundingziel von vierhunderttausend Dollar nach Ende der Aktion beispielsweise dreihundertfünfundsiebzigtausend zusammengekommen wären, unsere Pläne immer noch würden verwirklichen können. Es wäre zu viel von den Gebern verlangt, wenn wir die ganze Kampagne von vorne starteten, falls das Ziel nicht erreicht wurde, und das war auch der ausschlaggebende Punkt, als es um die Wahl der Plattform ging: Wir würden diejenige nehmen, die uns den wenigsten Stress bereitete.

Esthers Fans beteiligten sich sofort wie verrückt. Am Ende des ersten Tages hatten wir die Dreißigtausendermarke erreicht. Während der ersten paar Wochen kam ständig neues Kapital herein, so dass wir nach drei Wochen bei beachtlichen hundertsechzigtausend standen.

Dann verlangsamte sich der Geldfluss ein wenig, was uns Sorgen machte. Doch wir wussten ja um die Möglichkeit, der Kampagne wieder ein bisschen mehr Leben einzuhauchen, indem wir durch kleine Geschenke für unsere Gönner Anreize schufen. Wenn jemand zum Beispiel zwanzig Dollar gespendet hatte, bedachten wir denjenigen mit einem persönlichen Andenken von ideellem Wert, was ihn oder sie möglicherweise dazu bewegte, noch einen weiteren Beitrag zu leisten. Wir bemühten uns, immer etwas Neues als Dankeschön anzubieten, was den Menschen eine Freude machte und sie motivierte, uns weiterhin zu unterstützen.

Gleichzeitig mussten wir aber auch bei den Dingen des täglichen Lebens am Ball bleiben, um unseren Teil der Bedingungen unseres Gebots zu erfüllen. Wir hatten zwar die Zweimonatsfrist, um das Geld auftreiben zu können, aber nur eine Woche für vieles andere – zum Beispiel, um die Untersuchung auf bauliche Mängel durchführen zu lassen und alles mit der Versicherung zu regeln. Und es gab noch einen ganzen Haufen weiterer Schritte zu tun, damit alles seinen vorgeschriebenen Weg ging. So hatten wir zu jedem Zeitpunkt mindestens zwei dringende Angelegenheiten gleichzeitig auf dem Tisch. Und zudem mussten wir versuchen, auch den Rest unseres Lebens im Gleichgewicht zu halten, während Esthers Erkältung – wenn es denn eine war – sich verschlimmerte.

Sie lag auf der Couch und zitterte, was uns sehr an die Nieren ging, wie man sich vorstellen kann. Wo sie doch für uns sonst immer unser großes, starkes, fröhliches Mädchen war! Sie so verletzlich und schwach zu sehen brachte uns mächtig ins Schleudern – als ob wir durch die Finanzierungskampagne nicht schon gestresst genug waren! Sie verweigerte sogar Futter und Wasser, und das passte nun *gar nicht* zu ihr.

Wir hatten gehört, dass Schweine in der kalten Jahreszeit manchmal Eis fressen, und wenn sie es damit übertrieben, konnte das ihre Körpertemperatur aus dem Gleichgewicht bringen und zu Fieber und Schockzuständen führen.

Hat man ernsthaft das Gefühl, krank zu sein, oder macht sich Sorgen um seine Gesundheit, sucht man händeringend im Internet nach Rat. Geht es aber um das eigene Kind (oder um das eigene Schwein), gerät man vollends in Panik und befürchtet sofort das Allerschlimmste. Und Sie kennen mich ja inzwischen – wenn einer sich leicht aufregt, dann bin ich es.

Ich wusste, dass Esther es glatt fertigbringen konnte, einen vier Meter hohen Schneemann zu verputzen, und nachdem sie ein paar Tage lang zitternd auf der Couch gelegen hatte, stand eines fest: Wir mussten bei ihr Fieber messen. Ihre Ohren und ihr Bauch waren glühend heiß und richtig rosarot – viel rosiger als sonst –, und auf ihrem Rüssel bildeten sich Schweißtropfen, also sah es wirklich nach hohem Fieber aus. Da wir bis jetzt noch nicht in die Verlegenheit gekommen waren, bei einem Hausschwein die Temperatur zu messen, besaßen wir natürlich auch kein Fieberthermometer für Hausschweine – was sich im Nachhinein betrachtet als böses Versäumnis erweisen sollte.

Also brachten Derek und ich ein Opfer für die Hausgemeinschaft und rückten unser eigenes Thermometer heraus.

Sie können sich wahrscheinlich vorstellen, was gleich kommt. Wir rieben das Thermometer mit Fett ein, und während die Königin schlief… steckten wir es bei ihr rein. Und das erste Mal ging ganz ohne Komplikationen ab! Die Messung bestätigte, dass sie in der Tat erhöhte Temperatur hatte. Wir gaben ihr Limonade zu trinken, um den Flüssigkeitsverlust in ihrem Körper auszugleichen. Wir waren sicher, dass ihr das guttun würde – auch wenn wir uns damit selber ein Bein stellten, denn sie hat danach nie wieder klares Wasser angerührt. Auf jeden Fall diagnostizierten wir bei ihr eine Grippe.

Unser zweiter Versuch, ihre Temperatur zu messen, verlief längst nicht so reibungslos. Da befand Esther sich nämlich schon deutlich auf dem Wege der Besserung und nahm es nicht gut auf, dass man ihr etwas in ihren Allerwertesten stopfen wollte. Sie machte einen Satz wie ein außer Kontrolle geratener Sattelschlepper, raste den Flur hinunter und verschwand in unserem Gemeinschaftsbüro – es fehlte nur noch, dass sie die Tür hinter sich zuknallte und ein Schild mit »Bitte nicht stören« dranhängte.

Inzwischen hatte sich auch an der Finanzfront allerhand getan: Ein anonymer Spender machte uns ein schier unglaubliches Angebot. Wenn es uns gelänge, binnen zweier Tage ein Spendenaufkommen von fünfzigtausend Dollar zu erreichen, würde er sich verpflichten, die Summe bis zu dieser Obergrenze noch einmal draufzulegen. Kann man sich so etwas vorstellen? Nachdem wir diese Neuigkeit auf Esthers Seite verkündet hatten, strömten die Spenden herein wie verrückt.

Doch so wundervoll das Angebot zunächst auch erschienen sein mochte – es hatte einen großen Haken: Mehrere Wochen gingen ins Land, ohne dass wir Geld von unserem vermeintlichen Gönner sahen. Unsere Geldgeber verfolgten natürlich die Summe, die bei der Kampagne bisher zusammengekommen war, und als die versprochenen zusätzlichen fünfzigtausend nicht auftauchten, standen wir wie Lügner da. Es gab zwar niemanden, der diesen Vorwurf offen aussprach, aber wir wussten, dass es keinen guten Eindruck hinterließ und dass die Leute wohl auch anfingen, sich zu fragen, ob da irgendwas nicht stimmte – was man im Nachhinein betrachtet natürlich gut verstehen kann. Doch zu dem Zeitpunkt war es ein schmerzhafter Tritt gegen das Schienbein. Und wieder einmal begannen die Spender, sich zurückzuhalten.

Nicht gerade rosige Zeiten. Die Befürchtung, Esthers Fangemeinde könnte das Vertrauen in uns verlieren, dämpfte unseren Mut. Wir kamen uns vor wie Versager. All die Menschen, die uns für verrückt erklärt hatten – würden sie recht behalten? Das begannen wir uns immer ernsthafter zu fragen. Hatten wir uns übernommen?

Eine Weile lang war es richtig beängstigend. Derek und ich machten uns gegenseitig Mut; wir mussten nur fest an unsere Sache glauben, sagten wir uns, durften uns nicht beirren lassen, dann würde alles gut. Wir waren uns sicher, dass wir das Richtige taten. Wir hatten eine Menge

Menschen hinter uns, die auf uns zählten. Wir mussten einfach einen Weg finden, unseren Traum Wirklichkeit werden zu lassen.

Sonst konnten wir auch gleich alles hinschmeißen und uns auf die Bahamas absetzen.

Nein, das war nur Spaß. Wir hatten nichts dergleichen vor. Aber der Gedanke war schon verlockend!

Wenigstens mit Esther ging es weiter bergauf. Nun mussten wir bloß noch darauf warten, dass unsere kleine Finanzierungsaktion es ihr nachtat …

Und nachdem sie gerade so weit von ihrer Grippe genesen war, dass sie schon wieder lauter Unfug im Kopf hatte, traf das versprochene Geld unseres unbekannten Gönners tatsächlich ein und ließ unsere Gesamteinnahmen auf über zweihundertvierzigtausend hochschnellen. Das brachte die gesamte Kampagne erneut in Schwung. Trotzdem blieben uns lediglich ein paar Wochen bis zum Stichtag, und noch klaffte eine gewaltige Lücke.

Am 28. Juni, zwei Tage vor dem Ende der Aktion, weckte Derek mich auf und hielt mir sein Smartphone vors Gesicht.

Wir standen bei vierhundertviertausend Dollar. *Wir hatten es geschafft.* Und wie bei allen verrückten Dingen, die uns während des letzten Jahres widerfahren sind, konnten wir es auch diesmal kaum fassen.

Bis zu diesem Morgen war uns ein Schlupfloch geblieben. Wir hätten immer noch sagen können, dass wir die Farm aus diesen oder jenen Gründen jetzt doch nicht kaufen wollten, ob diese Gründe nun der Wahrheit entsprachen oder vorgeschoben waren: Die Eigentümer hätten unser Gebot nicht akzeptiert, die Spendenplattform hätte nicht die nötige Summe erbracht – was auch immer. Aber wir hatten es geschafft.

Ein mulmiges Gefühl blieb natürlich – mulmiger als bei allem anderen, was wir je angepackt hatten. Ab jetzt standen wir bei Millionen von Menschen, die uns online beobachteten, in der Pflicht. Es war offiziell geworden – im wahrsten Sinne des Wortes wie auch im übertragenen Sinne. Es gab kein Zurück mehr. Wir hatten es gemacht.

Die Farm war jetzt praktisch gekauft.

Nun mussten wir unsererseits das Haus verkaufen und umziehen. Bis zu diesem Punkt war alles noch ein Traum in weiter Ferne gewesen, etwas, was wir zwar immer mehr Gestalt annehmen sahen, das aber noch längst nicht Realität geworden war. Falls wir jetzt noch einen Rückzieher hätten machen wollen – es war zu spät. Wir hatten den Menschen von unserem Vorhaben erzählt, also mussten wir es jetzt auch in die Tat umsetzen.

Beinahe jeder hatte es für unmöglich gehalten. Selbst finanzielle Unterstützer hatten ihre Zweifel gehabt. Würde man es weltumspannenden Organisationen zur Aufgabe stellen, durch Spenden innerhalb von zwei Monaten eine halbe Million Dollar aufzubringen, würde so manche sich ganz schön ins Zeug legen müssen. Und wir waren alles andere als eine weltumspannende Organisation – bloß Derek und Steve mit ihrem Traum von einer allzeit frohen Esther. Aber geschafft haben wir es trotzdem.

So etwas hatte ich noch nie im meinem Leben empfunden. Vor drei Sekunden noch hatte ich Tränen des Glücks geweint, dann brach mir der Angstschweiß aus, und dann war es wieder umgekehrt. Bevor all das passierte, hatten wir ein so belangloses Leben geführt. Esthers Existenz hatte die Aufmerksamkeit von Menschen aus aller Welt auf uns gelenkt, und nun machten wir uns daran, unseren positiven Beitrag zu dieser Welt zu leisten. Was aber noch wichtiger war: Wir hatten ein Ziel. Ein echtes Ziel. Wir wollten zahllose Tiere retten und ihnen ein Zuhause geben, in dem ihnen ein Leben ermöglicht würde, das ihnen sonst verschlossen geblieben wäre. Genau das war unser Anliegen.

Es war schon verrückt, wie sehr unser Leben sich verändert hatte, seit Esther zu uns gekommen war. Mag sein, dass es sich nach einer Plattitüde anhört: Selbst wenn man glaubt, vor dem unüberwindbarsten Hindernis auf der ganzen Welt zu stehen, kann man es doch schaffen. Vor drei Jahren noch hätten wir es nie für möglich gehalten.

8

Auf einem der beliebtesten T-Shirts, die wir in unserem *Esther Store* auf unserer Website anbieten, steht: »Eat. Sleep. Root. Repeat.« *Essen. Schlafen. Wühlen. Wiederholen.* Das sind nämlich Esthers Lieblingsbeschäftigungen – meistens in dieser Reihenfolge. (Wenn Sie es genau wissen wollen, müssen Sie sie schon selber fragen.) Das Wühlen ist unverzichtbarer Bestandteil ihrer Lebensqualität. Eine Sau muss wühlen. Kurze Erklärung für Uneingeweihte: Wühlen bedeutet im Wesentlichen, dass Esther ihre Schnauze so tief wie möglich in mit Gras bewachsene Erde steckt, ein Stück davon ausgräbt, um den Vorgang dann ein Stückchen weiter links oder rechts (das ist bei ihr stimmungsabhängig) zu wiederholen. Sie wühlt. Das ist ihr Job. Sie wühlt zu jeder Stunde an jedem beliebigen Tag. Immer und immer wieder.

Hunde verbuddeln Dinge. Katzen wetzen ihre Krallen – *an allem.* Hühner gackern, Schlangen schlängeln sich, Meerkatzen … Schon gut, ich habe keine Ahnung, was Meerkatzen so tun, aber es ist sicher etwas, woran man sich ergötzen kann. Sie verstehen schon, worauf ich hinauswill. Tiere tun, was in ihrer Natur liegt, und das Wühlen liegt in der Natur der Schweine. Daher der Slogan auf dem T-Shirt.

Im Verlauf der letzten zwei Jahre hatte Esther unseren Rasen gründlich verunstaltet. Weil wir wollten, dass für ihre Geburtstagsfeier alles hübsch und nett aussah, hatten wir im Juli im Garten Grassoden ausgelegt, damit unsere Gäste uns für unseren gepflegten Rasen bewundern konnten. Keine schlechte Idee, oder? Nur hatten wir nicht bedacht, dass zwischen der Party und dem Verkauf des Hauses noch mindestens zwei Monate liegen würden. Bei unseren Bemühungen, das Haus für den Verkauf herzurichten, hätten wir klugerweise darauf kommen müssen, den Garten erst während der allerletzten Tage unseres Hierseins mit Rasen zu bedecken.

Sind wir leider nicht.

Und das führt zurück zu dem Slogan. Gegen *Essen* und *Schlafen* ist im Prinzip nichts einzuwenden; gegen *Wühlen* und *Wiederholen* schon. Gerade zwei Monate, nachdem wir den neuen Rasen ausgelegt hatten, sah es wieder so aus, als hätten wir den Garten verkommen lassen. Esther hatte alles rettungslos zerwühlt. Aber so ist sie nun einmal, und wir konnten ihr deswegen keinen Vorwurf machen, wir waren auch nicht wütend auf sie, sie hatte schließlich nur getan, was Schweine so tun, war ihren genetisch vorprogrammierten Instinkten gefolgt – Instinkten, die ihr befahlen, im Garten ein heilloses Chaos anzurichten. Doch nun war's einmal geschehen, und wir mussten im Rahmen unserer Bemühungen, das Haus für den Verkauf auf Zack zu bringen, unser Bestes versuchen, um den Schaden möglichst zu beheben.

Also war ich in den zwei Wochen vor unserem ersten Besichtigungstermin ständig draußen im Garten, rollte neue Grassoden aus und drückte sie am Boden fest. Eine Dreiviertelstunde war ich damit beschäftigt; dann war alles wieder picobello. Erschöpft, aber zufrieden mit meiner Arbeit, kehrte ich ins Haus zurück. Blickte ich kurz darauf aus dem Fenster hinaus in den Garten, lagen dort zehn umgedrehte Rasenstreifen. Auch Derek erging es nicht besser, als er sich die Zeit nahm, draußen alles schön herzurichten. Im Nu machte Esther unsere Bemühungen zur Sisyphusarbeit.

Es dauert seine Zeit, bis sich so ein Rollrasen in den Boden eingewurzelt hat; er muss ausreichend bewässert werden, damit er richtig mit dem Untergrund verwachsen kann, aber durch das viele Wasser wird er auch weich, und wenn dann eine fast dreihundert Kilo schwere Ballerina auf ihm herumtanzt, ist dies der Entwicklung kräftiger Wurzeln nicht gerade zuträglich. Überall waren Löcher in der Rasenfläche; wir hätten ebenso gut auch Fuchsbauten graben und einen Bunker anlegen können, denn der Garten glich ohnehin eher einem Minenfeld, und der Mutterboden, den wir als Grundlage für den Rasen festgeklopft hatten, war zu einer matschigen Masse verwühlt. Am Abend der Geburtstagsfeier war alles paletti – bloß fragen Sie mich bitte nicht, wie es am Tag davor und am Tag danach aussah.

Der Tag unseres *Open House* fiel auf einen Dienstag. Es standen sieben Besichtigungen an, die über den ganzen Tag verteilt waren. Also konnte Esther sich weder im Haus noch im Garten länger aufhalten, was bedeutete, dass sie am besten gleich mit Derek in unserer heillos mit Kartons und anderen Habseligkeiten vollgestopften Abstellkammer blieb.

Wir haben sehr viele schöne Stunden in unserem Haus verlebt. So, wie Menschen, die ihre Kinder in ihrem Haus haben groß werden sehen und später voller Glück daran zurückdenken, ging es uns mit unseren Tieren. Hier waren sie aufgewachsen, hier hatten sie ihre Abenteuer erlebt und uns all diese Freude geschenkt. Dies war das Haus, in dem Esther ein Zuhause gefunden hatte, als sie gerade mal so groß wie ein Turnschuh war. Wir wünschten uns, dass die neuen Besitzer dieses Haus *lieben* würden.

Als der Tag sich dahinzog und ein Interessent nach dem nächsten sich nicht gerade begeistert zeigte, begannen wir uns Sorgen zu machen. Doch dann erschien Kaufaspirantin Nummer sieben und schien sofort großen Gefallen an dem Haus zu finden; sie finde alles sehr schön, erklärte sie, und es wäre wohl genau das Richtige für sie. Es freute uns sehr, dass das Haus an jemanden ging, die einen so netten Eindruck machte und es offenbar auch zu würdigen wusste. Die Frau wollte bloß noch einen Gutachter einen Blick auf das Haus werfen lassen und die Finanzierung auf die Reihe bringen – das übliche Prozedere. Als Termin für die Schlüsselübergabe schwebte ihr der November vor, doch sei sie flexibel, was das genaue Datum betreffe. Also legten wir mit unserer Käuferin als Stichtag den 10. November fest. Für uns war das ideal, denn wir sollten am 6. November die Schlüssel für die Farm bekommen: So hatten wir vier Tage Zeit für den Umzug, ehe wir unser Haus seiner neuen Eigentümerin übergaben. Blieb nur noch die Abnahme des Hauses, aber was konnte dabei schon schiefgehen? Höchstens alles. Wir hatten die ganze Zeit ein solches Schweineglück mit allem gehabt, dass es sich eigentlich von uns abwenden musste, und irgendwo tief in meinem Magen hatte ich die dunkle Ahnung, dass genau das bei der Begutachtung des Hauses passieren würde.

Aber dazu kam es nicht.

Selbstverständlich galt es, Esther bei dem Termin irgendwie verschwinden zu lassen – leichter gesagt als getan, denn es gab natürlich keine Möglichkeit, Esther einfach zu »verstecken«; also mussten wir sie ein wenig umherbugsieren und ansonsten dafür sorgen, dass sie möglichst draußen blieb und nicht im Wege war. Eine wohldurchdachte Strategie, bloß mit einem Haken: So, wie manche Kinder es für die angenehmste Form der Freizeitgestaltung halten, den ganzen Tag vor der Spielekonsole zu hocken, hat auch Esther absolut etwas dagegen, längere Zeiträume im Freien zu verbringen. Schließlich will sie nicht *wie ein Tier* behandelt werden, denn sie hält sich ja für eine *Person*, und keine *Person* möchte den ganzen Tag draußen verbringen. Als Person lebt man in einem Haus, genießt es, ab und zu mal vor die Tür zu treten, aber wenn man wieder hineingehen will, dann will man eben wieder *hinein*. Und wenn Esther nicht ihren Willen bekommt … weiß sie ihrem Unmut lautstark Ausdruck zu verleihen.

Wir waren also gerade mit dem Gutachter beschäftigt, als Esther draußen zu heulen anfing wie ein Düsentriebwerk und eingelassen zu werden verlangte. Aber es war ein Punkt erreicht, an dem uns das nicht mehr zu kümmern brauchte – bald würden wir von hier fortziehen. Wir konnten erleichtert tief durchatmen und sie krakeelen lassen. Was nicht bedeutete, dass wir sie vernachlässigten –

wir bekamen bloß nicht mehr dieses Panikgefühl wie in der Vergangenheit, wenn wir uns aus Angst, aufzufliegen und Scherereien zu bekommen, gezwungen sahen, alles zu unternehmen, um sie ruhigzustellen. Diesmal ließen wir sie einfach brüllen. Viele sagen, dass das nur gesund wäre. Wer möchte *nicht* ab und zu mal zwanzig Minuten lang Zeter und Mordio schreien?

Als es dann ernsthaft mit dem Umzug losging, alles in Kisten gepackt wurde und das Haus sich zusehends leerte, wurde Esther langsam unruhig. Wer selber Haustiere hat, kennt das. Tiere reagieren auf Veränderungen, spüren es, wenn etwas im Busch ist. Und sowie das Haus erst verkauft war, ging ja dann auch alles ziemlich schnell.

Esther legte ein sichtlich verändertes Verhalten an den Tag. Sie schaute ständig aus dem Fenster und ließ sich keinen unserer Schritte entgehen. Wenn wir einen neuen Umzugskarton vollgepackt und ihn bereitgestellt hatten, warf sie ihn um, um zu sehen, was darin war. Unser Kommen und Gehen wurde genauestens unter die Lupe genommen. Sie beobachtete, wer vor dem Haus vorfuhr und was aus dem Haus hinausgetragen wurde. Mit einem Mal war sie der beste Wachhund geworden, den man sich nur wünschen konnte – und der aller*aller*größte noch dazu.

So einen Umzug hatte sie ja noch nie erlebt. Sie hatte auch noch nie etwas mit der Lampe in der Ecke anzufangen gewusst, aber nun sah sie uns an, als wollte sie uns fragen: *Was zum Kuckuck habt ihr denn mit der Lampe vor?* Und dann waren wir mal längere Zeit nicht da, weil wir Termine beim Notar oder sonst etwas außer Haus zu erledigen hatten, und wenn wir zurückkamen, war Esthers sonst so lässige Art, damit umzugehen, einer etwas verunsicherten Neugier gewichen. Wir stellten uns vor, wie sie uns mit vor der Brust verschränkten Armen und nervös mit den Zehen im Takt wippend an der Tür empfing und zu wissen verlangte, wo wir so lange gesteckt hätten. Wenn sie in der Vergangenheit unruhig gewirkt hatte, haben wir ihr ein paar Pfefferminzbonbons hingeworfen, und sie machte sich daran, den Fußboden »zu saugen«. Nach einer Weile entspannte sie sich dann wieder und legte sich schlafen. Aber in dieser Woche verfehlten die Bonbons ihre Wirkung.

Esther rannte mehr im Haus umher als gewöhnlich und wollte öfter mit zu uns ins Schlafzimmer. Wenn sie nicht in unser Zimmer konnte, weil die Tür verschlossen war, wurde sie aggressiv. Auf jeden Fall interessierte sie sich mehr für uns und unser Tun als früher. Und weil wir nichts von dem taten, was ihr normal erschien – wie zum Beispiel in der Wohnecke herumzuhängen und fernzusehen –, wurde sie immer nervöser. Dabei hatten wir alle Hände voll zu tun! Im Moment waren wir gerade dabei, den Keller auszuräumen, aber es lagen noch eine Tonne Sachen da unten, die nach oben geschafft werden mussten. Das interessierte sie natürlich besonders.

Nach unten führte eine zweiläufige Treppe, also ging Esther bis zum Mittelpodest hinunter, vollführte eine halbe Drehung, blieb auf dem Podest stehen und sah uns über die zweite Hälfte der Stufen hinweg von oben an, wobei sie gelegentlich ein Grunzen ausstieß. Dabei mussten wir sie im Auge behalten, denn falls sie eine weitere Stufe in Angriff nahm, musste einer von uns zu ihr hinstürzen und sie zurück nach oben drängen, denn seit ihrem letzten Aufenthalt im Untergeschoss war sie gehörig gewachsen, und wir wussten nicht, ob wir sie je wieder nach oben bekämen, wenn sie es erst einmal bis in den Keller geschafft hatte. Also wollten wir lieber kein Risiko eingehen. Außerdem handelte es sich um eine offene Treppe mit einzelnen Trittstufen, so dass ich immer Angst hatte, Esther könnte ausrutschen, zwischen zwei Stufen geraten und sich das Bein brechen.

Nachdem also einer von uns Esther nach oben eskortiert hatte, ging es in die Küche, wo Esthers Glasdose mit Pfefferminzbonbons geschüttelt wurde. Das ist ihre Glocke, auf deren Ruf sie hört. Wenn das Glas rappelt, weiß sie, dass sie kommen soll, um sich ein Bonbon abzuholen. Diese Methode hat eine hundertprozentige Erfolgsquote. So, wie man auf einen Schlag seine sämtlichen Katzen aus ihren Verstecken hervorlockt, indem man den elektrischen Dosenöffner einschaltet (Thunfischalarm!), versetzt das Bonbonglas Esther in helle Aufregung. Nur – es geschah immer und immer wieder. Sobald wir, in dem Glauben, dass Esther sich beruhigt hatte und sich bald hinpacken würde, zurück im Keller waren, um noch einen Schlag reinzuhauen, hörten wir oben ihre Schritte, erst auf dem Flur, dann auf der Treppe. Und dann sahen Derek und ich uns an und mussten entscheiden, wer von uns an der Reihe war, sie aufzuhalten.

Nie gab es einen Moment der Langeweile. So war es ja immer schon mit Esther gewesen. Nur diese Ruhelosigkeit kannten wir bisher noch gar nicht von ihr – aber es gehörte ja auch nicht zu unserem Alltag, unsere sämtlichen

Siebensachen einzupacken. Trotzdem hatte auch vorher nicht gerade Seelenruhe geherrscht. Selbst wenn ich bloß bei der Arbeit am Computer saß, konnte ich oft nur mit einer Hand tippen, weil Esther gerade ihre Schnauze an meiner anderen rieb. Jeder, der einen Computer und mindestens eine Katze besitzt, weiß, wie das ist. Zudem lauschten wir immer mit einem Ohr auf das, was Esther trieb, ungefähr so wie bei einem Kleinkind. Ein sehr, sehr großes Kleinkind, das es fertigbrachte, den Küchenherd umzuwerfen, wenn darauf etwas Leckeres lag.

Der Umzug war auch die erste Gelegenheit, bei der wir Esther in voller Absicht mit auf die Straße nahmen. Wir wollten ein Foto von ihr mit dem »VERKAUFT«-Schild machen. Da draußen ereignete sich zwar nichts Weltbewegendes, aber es war dennoch ein aufregender Moment für uns, denn bis dahin hatten wir es ja immer für nötig befunden, sie vor fremden Blicken zu verstecken. An diesem Tag jedoch marschierten wir mit ihr vor das Haus, postierten sie neben dem Schild und machten ein lustiges Foto, um es zur Freude all ihrer Fans auf ihre Seite zu stellen. Es war ein großartiges Gefühl, denn schließlich war dies auch schon immer auch Esthers Zuhause gewesen – manchmal mehr als das unsere. Und nun konnte sie sich endlich stolz davor präsentieren. Das war der Abschluss eines langen, langen Kapitels in unserem Leben mit Esther und natürlich der Beginn eines aufregenden neuen.

Vorher gab es noch eine Menge zu tun – da hatten wir es glatt versäumt, auf den Kalender zu schauen. Als dann eines Tages das Telefon läutete und ich den Namen unserer Maklerin auf dem Display sah, fragte ich mich zunächst, was sie wohl wollte. Ich weiß gar nicht, wie mir das passieren konnte, aber ich fiel buchstäblich aus allen Wolken, als sie mir mitteilte, dass der Verkauf jetzt endgültig abgeschlossen war und ich die Schlüssel abholen konnte.

Es hatte sich so vieles ereignet, und wir waren uns so lange wie die kleine Dampflok vorgekommen, die sich den steilen Berg hinaufkämpft und sich dabei immerzu selber Mut zuspricht, dass es ein fast unheimliches Gefühl war, es tatsächlich über die Kuppe geschafft zu haben. Würde mich jetzt bitte irgendjemand in die Wirklichkeit zurückholen? War das alles nur ein Traum?

Es kamen die widersprüchlichsten Gefühle hoch. Ich wusste nicht, ob ich in Tränen oder in Gelächter ausbrechen ... oder eine Art kriegerisches Siegesgeheul von mir geben sollte. Und darum schlich ich mich einfach nur aus dem Haus, um die Schlüssel zu holen. Ich war auf den Tag der Übergabe kein bisschen vorbereitet gewesen – und das, obwohl ich doch selber Hausmakler bin. Also konnte es sein, dass es Derek nicht anders ergangen war, so dass ich ihn nun mit einem wundervollen und gänzlich unerwarteten Geschenk überraschen konnte, wenn ich wieder nach Hause kam.

In einer perfekten Welt – oder auch in einer nur ziemlich durchschnittlichen, aber, verdammt noch mal, ich hatte eben den Kopf voll anderer Dinge – hätte ich mir wohl eine witzige Art und Weise einfallen lassen, um zu verkünden, dass es nunmehr offiziell war und die Farm uns gehörte. Vielleicht hätte ich Derek mit einer Schnitzeljagd nerven können, die ihn am Ende zu den Schlüsseln führte. Oder ich hätte so tun können, als hätte ich etwas in einem anderen Zimmer liegen gelassen und Derek gebeten, es für mich zu holen, und wenn er dann das andere Zimmer betrat – Überraschung, die Schlüssel auf einem Samtkissen! Und wäre *ich* der Zauberer von uns beiden, hätte ich Derek eine Vierteldollarmünze hinter dem Ohr hervorziehen können – bloß, dass es sich dabei nicht um eine Münze, sondern um die Schlüssel gehandelt hätte.

Ich tat nichts dergleichen. Ich kam einfach wie ein kopfloser Idiot ins Haus gerannt und rief: »Ich hab die Schlüssel! Das sind die Schlüssel!« Und dabei fuchtelte ich mit den Schlüsseln in der Luft herum, für den Fall, dass ich mich nicht klar genug ausgedrückt haben sollte.

Und als ob Derek nicht wüsste, wie Schlüssel aussehen.

Alternativ hätte ich mich natürlich auch grinsend vor ihn hinstellen und mit beiden Händen gestikulieren können, um meine Freude kundzutun – wie man es aus manchen Musicals kennt.

Wir fuhren gleich hin; wir gingen nicht über LOS und kassierten auch keine zweihundert Dollar. Wir, das waren Derek und ich und Shelby und Reuben. Es war das erste Mal, dass wir die Farm betraten, ohne dass sich noch jemand anderes dort aufhielt; sonst waren immer Angehörige oder Freunde oder Makler oder Fotografen dabei gewesen, aber diesmal waren es nur wir alleine. Auf unserer Farm.

Ich habe vor Glück geheult – Sie hatten das schon erwartet, oder?

Wir vier gingen durchs Haus, um alles zu erkunden. Die Hunde waren noch nie hier gewesen, also war es auch für sie eine ganz neue Erfahrung, und man weiß ja, wie

Hunde sind, wenn es etwas zu entdecken gibt: mit Haut und Haar bei der Sache. Mir wurde jetzt erst so richtig klar, dass die Farm ja auch für sie eine echte Errungenschaft darstellte – ein ganz neuer Abenteuerspielplatz, an dem es so viel zu schauen und zu schnüffeln und zu untersuchen gab in den vielen Zimmern, die alle erforscht werden wollten. Ihre aufgeregten Blicke machten mich glücklich.

Und so liefen sie von einem Zimmer in das nächste, und wir taten es ihnen nach, und dann ging es nach draußen. Wir wollten alles sehen und jede Ecke und jeden Winkel kennenlernen. Gleichzeitig setzte aber auch der Stolz, ein neues Haus zu besitzen, ein. Wir wussten, dass wir uns alles genau ansehen und uns vergewissern mussten, ob es ordnungsgemäß funktionierte, dass nichts mitgenommen worden war, was nicht hätte mitgenommen werden sollen, dass die Vorbesitzer uns all das, was sie uns versprochen hatten, auch wirklich dagelassen hatten. Am Ende erwies es sich, dass wir uns keine Sorgen hätten zu machen brauchen. Nicht nur, dass alles so war wie vereinbart – sie hatten sogar ein paar nette Zettelchen und Geschenke für uns dagelassen, zum Beispiel einen kleinen Elektrokarren aus Metall, eine Nachbildung der Maschine, die der Ehemann bedient hatte, als er noch bei der Bahn arbeitete. Zu seiner Pensionierung hatte die Eisenbahngesellschaft diesen Nachbau anfertigen lassen und den Anhänger mit lauter Tieren vom Bauernhof aus Plastik gefüllt. Offenbar hatte man ihn ein bisschen damit aufziehen wollen, dass er plante, sein Ruheständlerdasein als Farmer zu verbringen – und dann hatten sie ausgerechnet ein *Schwein* auf den Fahrersitz der Zugmaschine gesetzt. Das passte ja nun wie die Faust aufs Auge. Unser Leben en miniature, mit einem Schwein am Steuer, das bestimmt, wo es langgeht. Eine perfekte kleine Metapher für das, was aus unserem Leben geworden war.

Wir konnten es einfach nicht glauben, dass dies alles nun uns gehörte. Es kümmerte uns nicht, dass an dem Haus jede Menge getan, dass dieses oder jenes instand gesetzt, installiert oder gestrichen werden musste; uns interessierte einzig und allein, dass es *unseres* war. Diese Farm stellte so viel mehr dar, als wir je in unserem jetzigen Alter oder an diesem Punkt unseres Lebens zu besitzen gehofft hatten, sie war für uns das, was sich jeder irgendwann mal in seinem Leben wünscht: einen kleinen Ruhesitz auf dem Lande oder ein Loft in der City oder ein Haus am Meer, ein kleines Stück vom Paradies, je nachdem, was man sich darunter vorstellt. Und die Farm war *unsere* Vorstellung vom Paradies – die wir uns verwirklicht hatten.

Und dann war da natürlich noch das Allerwichtigste: unsere Mission, dass wir nämlich *etwas Gutes* damit bewirken wollten. Wir wollten zahllosen Tieren in Not helfen, so dass die Farm nicht einfach nur *unser* Zuhause, sondern auch ein Zuhause für alle möglichen Tiere sein würde. Ein Ort, an dem mehr als die grundlegenden Bedürfnisse wie nach Futter und nach Geborgenheit befriedigt wurden, ein Ort, der außerdem Fürsorge, Liebe, Wertschätzung, Wärme, *Hoffnung* zu bieten hatte.

Es ist ein erhebendes Gefühl, den Fuß auf seinen eigenen Grund und Boden zu setzen oder in seine eigenen vier Wände und sich auszumalen, wie es für einen selber und für seine Familie hier in Zukunft sein wird. Doch der Gedanke daran, in unserem neuen Heim Tiere in Not willkommen heißen zu dürfen, übertraf alles andere. Wir würden ihre Zuflucht sein, ihr Licht am Ende des Tunnels, für Tiere, die misshandelt, vernachlässigt und geschlagen worden waren. Es tut Gott weiß weh, auch nur daran zu denken, auf welch scheußliche Art und Weise manche so genannten menschlichen Wesen diesen wundervollen, unschuldigen Geschöpfen Böses antun können – aber wir würden ihre Errettung sein. Und das alles, weil Esthers Geschichte so vielen prächtigen Menschen nahegegangen war und diese Menschen sich zusammengefunden hatten, um einen Traum Wirklichkeit werden zu lassen.

Derek und ich beglückwünschten uns mit all den abgedroschenen Phrasen, die sich bei solchen Anlässen anbieten. Wir umarmten einander, hüpften vor Freude auf der Stelle und heulten abwechselnd oder auch beide gleichzeitig. Wir standen gemeinsam vor einer ganz neuen Phase unseres Lebens. Es war ein unbeschreibliches Gefühl. Bei Rundgängen auf unserem Grundstück stolperten wir über so manche kleinen Dinge, und es fielen Sätze wie: »Das ist mir noch gar nicht aufgefallen« oder »In diesem Teil des Geländes sind wir noch gar nicht gewesen« – und dabei wussten wir doch genau, dass es eine halbe Ewigkeit dauern würde, bis wir alles erkundet hatten und unseren Besitz bis in den letzten Winkel kannten. Aber das machte ja zum Teil den Reiz des Ganzen aus – wir sahen das ungeahnte Potenzial, das in diesem Anwesen steckte, und freuten uns auf das spannende Abenteuer, es auszuloten. Dies war wirklich die Farm der unbegrenzten Möglichkeiten.

Am nächsten Tag holten wir den Lastwagen. Esther war äußerst ungehalten, weil sich niemand um sie kümmerte – was daran lag, dass wir alle vier, nämlich meine Mutter, mein Stiefvater, Derek und ich fast den ganzen Tag damit beschäftigt waren, einen Zaun um Esthers Weide zu ziehen. Das musste erledigt sein, bevor wir Esther auf die Farm brachten, und das wiederum sollte am Tag darauf geschehen, weil wir nämlich die Aktion »Auf zu neuen Ufern« für den 8. November geplant hatten.

Dieses Motto hatten wir uns für den Tag ausgedacht, an dem alle zusehen konnten, wie Esther zum ersten Mal die Weide ihres neuen Zuhauses betrat. Die Gelegenheit, dabei Zeuge zu sein, war einer der Anreize gewesen, die wir im Rahmen unserer Kampagne auf Facebook gepostet hatten, um die Leute dazu zu bewegen, etwas Geld für uns lockerzumachen. Es war also damit zu rechnen, dass eine Menge ihrer Fans sich einfinden würden, um sie auf dem zukünftigen Gnadenhof für hilfsbedürftige Tiere begrüßen zu können. Danach wollten wir eine kleine Dankeschön-Party ausrichten für all diejenigen, die uns geholfen, und all die, die sich extra auf den Weg zu uns gemacht hatten.

Und weil dieses Datum nun einmal feststand, blieb uns nur noch ein einziger Tag, um den Zaun zu ziehen – wir konnten den Leuten, die sich von überallher zu uns auf die Socken gemacht hatten, ja schlecht sagen, dass wir noch Zeit bräuchten und sie in ein paar Tagen wiederkommen sollten. Dank unserer Entschlossenheit und einer Menge Schweiß schafften wir alles rechtzeitig, was aber nichts daran änderte, dass Esther sauer darüber war, den ganzen Tag allein gelassen worden zu sein.

Als wir zu unserem Haus zurückkehrten, hatte sie ihre Schlafstätte in die Mitte des Wohnzimmers verschoben. Der Teppich war nicht mehr zu retten – zusammengefaltet wie eine Ziehharmonika –, und sie lag da inmitten des Riesendurcheinanders, das sie angerichtet hatte, den Kopf auf den zerknüllten Teppich gebettet wie auf ein Kissen. Ich erklärte mir ihr Handeln damit, dass sie so wohl auch ihren Beitrag zum Ausräumen des Hauses hatte leisten wollen …

Ich hatte schon die ganze Zeit damit gerechnet, dass der Umzug (und die Vorbereitungen dafür) emotionalen Stress mit sich bringen würden, und nun setzte tatsächlich ein sonderbar betäubendes Gefühl der Leere ein. Irgendwie kam es mir vor, als würde das alles gar nicht wirklich geschehen. Wenn ich in Gedanken die letzten Tage und Wochen durchging, konnte ich es kaum fassen, wie schnell alles passiert war. Und trotz dieses Gefühls des Betäubtseins gab es Augenblicke, in denen ich von einer plötzlichen Panik ergriffen wurde, was das Haus und das ganze Drumherum betraf. Ein solcher Moment ist mir besonders deutlich in Erinnerung geblieben. Es war ein paar Tage vor unserem endgültigen Auszug. Ich war gerade in unsere Straße eingebogen und wollte meinen Rechtsschwenk machen, um unsere Einfahrt anzusteuern, als mir unwillkürlich etwas einfiel. *Dies ist eines der letzten Male, dass ich in diese Einfahrt einbiege, um nach Hause zu kommen.* Und da erfasste mich eine unsagbare Traurigkeit. Gewiss war ein so großer Umzug eine aufregende Sache, aber bevor durch Esther alles ins Rollen geraten war, hätten wir nie daran gedacht, von hier wegzuziehen!

Bevor es zu diesen Veränderungen in unserem Leben kam, hatte ich mich mit kühnen Plänen für einen Anbau und für alle möglichen Renovierungsarbeiten getragen. Dies war unser erstes Haus, und wir glaubten, dass wir viele Jahre darin wohnen bleiben würden – kein Gedanke daran, wir könnten uns jemals auf die Suche nach unserem Traumhaus auf dem Lande begeben. Wie man sich doch irrt!

Als ich also vor dem Haus hielt und mir den Rasen besah und die Stufen zu unserer Eingangstür, konnte ich mit einem Mal nicht mehr an mich halten, und schon heulte ich wieder wie ein kleines Kind.

Es geschah alles in einem solchen Eiltempo, dass weder Derek noch ich Zeit fanden, kurz innezuhalten und über unsere Gefühle zu sprechen. Damit muss man sich wohl abfinden, wenn man bei der Realisierung seiner Wünsche gleich in die Vollen geht. Es hatte ja alles wie am Schnürchen geklappt – bloß viel Zeit zur Besinnung war uns nicht geblieben. Es hieß immer nur: *Was ist als Nächstes an der Reihe? Wo müssen wir jetzt hin? Ist das mit dem Notar geklärt? Ist das mit der Bank geklärt?* Es gab permanent Wichtiges zu erledigen. Und weil es mir immer noch allerhand Kopfzerbrechen bereitete, auf was wir uns da finanziell eingelassen hatten, musste ich auch zusehen, dass ich in meinem Beruf hundertprozentig am Ball blieb. Ich brauchte die beruhigende Sicherheit eines Finanzpolsters, damit wir uns nicht als arme Schlucker in dieses Abenteuer stürzten.

Es geschah alles so schnell, eigentlich *viel zu* schnell. Gerade mal zwei Tage, nachdem wir offiziell die Eigentümer der Farm geworden waren, sollte dort schon die Begrüßungsparty für Esther stattfinden, und zu diesem Zeitpunkt wäre noch nicht einmal der Umzug aus unserem alten Haus ganz abgeschlossen – wieder ein Beispiel dafür, wie ich mir mit meinen Terminplänen dauernd selber ein Bein stelle. Als uns die Schlüssel für die Farm übergeben wurden, blieben uns vier Tage, um aus dem Haus in Georgetown auszuziehen, was uns im ersten Moment wie alle Zeit der Welt vorgekommen war, sich aber mit jedem verstreichenden Tag zunehmend als der helle Wahnsinn erwies.

Am hektischsten war der Tag unmittelbar vor dem endgültigen Auszug. Es waren von morgens bis abends Freunde da; sie packten, erledigten Besorgungen, kamen und gingen, nahmen Sachen für die Party mit und halfen uns bei den Vorbereitungen. Als endlich alle gegangen waren und wir Zeit fanden, uns einen Moment lang hinzusetzen, wirkte das Haus schon ziemlich kahl. Die Teppiche waren zusammengerollt, die Stereoanlage hatten wir verstaut und die Bilder abgehängt. Mehrere Umzugskartons, die schon an den Vortagen gepackt worden waren, standen noch auf dem Esstisch und dem Küchentresen herum. Wir hatten viel zusammengeknülltes Zeitungspapier gebraucht, um zerbrechliche Gegenstände damit zu schützen, also lagen auch davon jede Menge Reste überall auf dem Boden verstreut.

Derek und ich aßen zu Abend und sahen uns dabei eine Folge der Zeichentrickserie *King of the Hill* auf meinem Laptop an. Keiner redete viel, dazu waren wir zu sehr in unsere Gedanken vertieft, aber meistens ging es dabei um

Nebensächlichkeiten, die mit dem folgenden Tag zu tun hatten, um Kleinkram, der noch geklärt werden musste. Ich glaube, wir wussten beide, dass uns sofort die Tränen kämen, falls einer von uns es ausgesprochen hätte: *Das war's also dann; dieses Kapitel unseres Lebens ist nun abgeschlossen.* Der Tränenausbruch an jenem Tag im Auto war nicht mein einziger gewesen, und ich bin mir sicher, dass auch Derek ein paar Mal geheult hat, wenn ich nicht zugegen war. Es ist schon komisch, wie wir manchmal unsere emotionalen Schwächen voreinander zu verbergen versuchen, obwohl sie es doch sind, die uns einander näherbringen, wenn wir sie offenbaren. Doch nachdem wir den ganzen Tag lang Kisten gepackt hatten, brachte keiner noch die Energie auf, groß Gefühle zu zeigen.

Wir fanden keine Gelegenheit mehr, mit einem Glas Sekt auf unseren Abschied von unserem alten Zuhause anzustoßen, und an ein Abendessen bei Kerzenschein war schon gar nicht zu denken. Stattdessen löffelten wir Dosensuppe. Ein Pappkarton diente uns als Tisch, und wir hockten auf zusammengeknülltem Zeitungspapier – stilvoll und romantisch. Wir gingen an diesem Abend früh zu Bett, teils, weil wir körperlich erschöpft waren, teils, weil das Chaos für die nächsten Tage schon vorprogrammiert war, denn es waren noch allerhand Vorbereitungen zu treffen, ehe Esther auf der Farm eintraf.

Warum wir es für eine gute Idee hielten, nur wenige Stunden nach unserem Einzug schon eine Party zu schmeißen, wird wohl ein ewiges Rätsel bleiben – oder auch nicht. Ihnen dürfte mittlerweile aufgefallen sein, dass ich die Dinge manchmal nicht von vorne bis hinten durchdenke – falls ich das überhaupt je tue. Somit hatten wir die meisten unserer Sachen unter Dach und Fach, und uns blieb nur noch eine letzte Nacht in unserem alten Haus. Esther würde am nächsten Tag auf die Reise gehen; danach würden wir natürlich nicht mehr hier übernachten. Es war schon ein komisches Gefühl. Die Couch fehlte ebenso wie die meisten anderen größeren Möbelstücke. Aber das war schon in Ordnung. Wir saßen mit Esther und den Hunden auf dem Fußboden, und das gab uns das Gefühl, in unserem eigenen Haus zu campen. Die Katzen waren zwar auch noch da, aber man weiß ja, wie Katzen sind – mit stressbeladenen Dingen wie Packen und Umziehen wollen sie nichts zu tun haben. Nur die Umzugskartons an sich interessieren sie. Der Duft, der einem neuen Umzugskarton entströmt, ist für sie so betörend wie der Geruch in einem fabrikneuen Auto für uns Menschen. Sie können nicht genug davon kriegen. Katzen leben nach ihren eigenen Regeln: Sie möchten gefüttert und gestreichelt werden, sie möchten immer ein sauberes Katzenklo haben, und dafür gucken sie einen manchmal mit dem Hintern nicht an – was nicht heißen soll, dass es das bei Menschen nicht auch gibt, doch unterm Strich sind Katzen die Einzigen, die auf Dauer mit diesem Benehmen durchkommen.

Und um ehrlich zu sein – Finnegan ähnelt eigentlich eher einem Hund. Er kuschelt gerne und ist nicht halb so eingebildet wie Delores. Delores ist von den beiden immer die biestigere gewesen. Aber beide haben den Hang, gelegentlich mal über Nacht außer Haus zu bleiben. Wir gehen diskret damit um und quetschen sie nicht aus, wo sie gewesen sind und was sie getrieben haben.

Doch an diesem speziellen Abend wollten wir es nicht darauf ankommen lassen und sperrten sie über Nacht im Büro ein, damit sie in der Stunde des Aufbruchs leicht zu greifen waren. Man kann sich unschwer vorstellen, dass besonders Delores alles andere als begeistert war. Sie muss sich gefühlt haben wie ein notorischer Säufer, den man zu einem Hochzeitsempfang zweier Anonymer Alkoholiker eingeladen hat.

Wir bekamen kaum ein Auge zu in dieser Nacht. Zunächst lag es natürlich an der Aufregung angesichts dessen, was uns am nächsten Tag erwartete – dem ersten Tag, den wir auf unserer neuen Farm verbringen würden; gleichzeitig waren wir in Unruhe wegen all der Horrorgeschichten, die wir über Umzüge mit Nutztieren gehört hatten. Esther war, wie ich wohl schon bei der einen oder anderen oder auch bei hundert Gelegenheiten erwähnt habe, inzwischen zu einer stattlichen Sau herangewachsen; sie wog immerhin eine Dritteltonne. Und dies würde ihre erste Autoreise sein. Wir hatten gehört, dass ihr die Fahrt erheblichen Stress verursachen und auf vielerlei Weise eine große Herausforderung werden könne. Unser Tierarzt würde uns begleiten, um Esther notfalls in Narkose zu versetzen, doch wollten wir ihr das, wenn irgend möglich, ersparen. Sie sollte am Tag danach ihr großes Debüt auf ihrer neuen Farm geben und dabei möglichst nicht unter Drogen stehen – schon gar nicht vor all den Menschen, die da sein würden. Wir wollten, dass Esther ganz Esther war. Also blieben wir die halbe Nacht wach und machten uns Sorgen.

9

Am Morgen des letzten Umzugstages erwachte ich mit einem beklemmenden Gefühl in der Brust. Möglicherweise war es sogar das beschleunigte Schlagen meines Herzens, das mich aus dem Schlaf geholt hatte. Als ich die Augen öffnete, war Derek bereits wach und wühlte seit wer weiß wann im Haus herum. Es muss so zwischen halb acht und acht gewesen sein, als auch ich mich aus dem Bett wälzte. Ich ging zuerst ins Wohnzimmer, um zu schauen, was es dort noch zu tun gab, und hörte Derek im Keller rumoren. Esther schlief noch – wie gewöhnlich. Sie konnte nichts aus der Ruhe bringen; sie döste leise schnarchend vor sich hin. Selig sind die Ahnungslosen – dieser Satz, der sich hier bewahrheitete, traf also wohl auch auf Schweine zu. Vielleicht ganz besonders auf Schweine.

Ich machte mir Tee, sah meine E-Mails durch, tat das, was man am Morgen so tut, kam aber nicht zur Ruhe. Ich hatte gehofft, mich noch ein wenig entspannen zu können, denn ich wusste, dass alles drunter und drüber gehen würde, sobald erst die Umzugsleute da waren. Doch an Entspannung war absolut nicht zu denken.

Es stellte sich heraus, dass es Derek ähnlich ging. Deswegen war er auch im Keller und schob Umzugskartons hierhin und dorthin, um die Zeit totzuschlagen. Ich gab meine

Versuche, innere Ruhe zu finden, auf und gesellte mich zu ihm, doch kurze Zeit später hörten wir das verräterische Klickern von Hufen, das bedeutete, dass die Königin erwacht und bereit zum Frühstück war. Ich konnte sie mir gut in herrschaftlichem Gewande vorstellen, wie sie genüsslich gähnt und sich streckt und dann mit dem Huf auf die Küche zeigt: »*Nun mal hopp, meine Herren! Das Frühstück ist die wichtigste Mahlzeit des Tages.*« Wobei hinzuzufügen wäre, dass für unsere nicht mehr ganz so kleine Sau *sämtliche* Mahlzeiten gleich hochrangig sind.

Als ich die Treppe emporstieg, wartete sie auch schon in unserer Kochecke darauf, gefüttert zu werden, positionierte sich vor dem Kühlschrank und gab schnaufende Hupsignale. Sie kennt ihr morgendliches Programm, und meine Aufgabe ist es, dafür zu sorgen, dass zwischen dem ersten Klippklapp ihrer Hufe und der Übergabe von Madams Frühstück nur wenige kurze Augenblicke vergehen. Jede Verzögerung hat weiteres Hupen zur Folge, mit dem zur Eile angetrieben wird.

Nachdem sie ihr Mahl verschlungen hatte, gingen Esther und ich nach draußen. Hier lehnte ich mich, den Teebecher in der Hand, gegen die Türfüllung und sah zu, wie Esther ihr Ding machte. Ich wusste ja, dass dies ihr letzter Vormittag in unserem Garten sein würde. Es war auch *mein* letzter Vormittag in unserem Garten. Da stand ich nun, und meine Augen schwammen in Tränen, aber es waren Tränen aus zwei unterschiedlichen Quellen: Tränen des Kummers, weil wir unser Haus verließen, und Tränen des Glücks, weil ich wusste, dass wir auf unserer neuen Farm so viel besser für Esther würden sorgen können.

Es tat gut, ein paar Minuten ganz allein zu haben, und ich machte das Beste daraus, indem ich mich an besondere Augenblicke zurückerinnerte, an all das dachte, was neu an diesem Haus gewesen war und was wir hier zum ersten Mal gemacht hatten. Ich schwelgte schon in Erinnerungen, ehe ich auch nur fortgegangen war. Egal welcher Zauber von unserem heutigen Ziel ausgehen mochte – ich würde dieses Haus vermissen. Ich sprach mit niemandem. Ich wollte auch von niemandem etwas wissen. Wenn ich auf meinem Handy eine Textnachricht bekam, ignorierte ich sie einfach. Ich stand einfach da, holte ein paar Mal tief Luft, und ging nach zehn Minuten wieder hinein, um mich für den Tag zu rüsten.

Inzwischen war es kurz nach neun; Derek wühlte nicht mehr still und leise im Keller herum, sondern rannte aufgelöst vor Hektik kreuz und quer durchs Erdgeschoss. Er hatte uns zwei Taschen mit Dingen, die wir über den Tag brauchen würden, gepackt. Nach einem Blick auf seine Liste rief er den Tierarzt an, um sicherzustellen, dass wir pünktlich würden aufbrechen können. Nach und nach fanden sich immer mehr Leute ein, während wir herumwuselten und uns irgendwie zu beschäftigen versuchten, bis der Pferdetransportanhänger eintraf. Unsere noch einigermaßen gefasste – wenn auch von Herzklopfen begleitete – Aufbruchstimmung des Morgens verließ uns zunehmend, weil es lauter und chaotischer wurde. Jede Menge Leute standen um uns herum und redeten auf uns ein, denn natürlich waren auch unsere Freunde aufgeregt und freuten sich unglaublich für uns, aber ich glaube, Derek und ich wünschten uns nichts sehnlicher, als einfach nur den Augenblick des Abschieds genießen zu können. So verbrachten wir die uns verbleibenden Minuten im Haus hauptsächlich damit, Fragen zu beantworten: *Soll ich das mal holen?* oder *Wann kommt der Anhänger?* oder *Soll ich vorausfahren?* und so weiter und so fort. Sie wollten helfen, und ich war ihnen auch dankbar für ihren guten Willen, doch gleichzeitig betrafen ihre Fragen allesamt Dinge, die mich in diesem Moment überhaupt nicht interessierten. Uns ging es nur darum, dafür zu sorgen, dass Esther den Transport überstand – zusammen mit unseren übrigen »Kindern im Hunde- und Katzenpelz«. Alles andere war irrelevant.

Inmitten des Geschnatters und des Tohuwabohus im Haus bekam ich zwischendurch mehr zufällig mit, dass der Pferdeanhänger gerade vorgefahren wurde. Ich sagte zu niemandem ein Wort, sondern schlüpfte nur leise zur Hintertür hinaus zu Esther. Dann ging ich mit ihr durch den Garten und zum Zaun.

»Na, Esther«, sagte ich und zeigte auf den Anhänger. Ich kniete mich neben sie und streichelte ihr über den Rücken. »In ein paar Minuten gehen wir da raus und steigen in den Trailer.«

Sie warf einen Blick auf den Wagen und blinzelte; dann wandte sie den Blick wieder mir zu.

»Ich werde die ganze Zeit bei dir bleiben«, versprach ich ihr, und beim nächsten Satz wurde meine Stimme brüchig: »Wir fahren zu einer Farm. Einer großen, schönen traumhaften Farm.«

Ich weiß nicht, ob sie mich verstand, aber ich sah etwas in ihren ausdrucksvollen Augen.

»Ich liebe dich so sehr, mein süßes Mädchen.«

Da war es vollends um mich geschehen; ich musste meine Ansprache an ein Schwein mit tränenerstickter Stimme beenden. Vermutlich lässt mich das in Ihren Augen etwas durchgeknallt erscheinen, aber ich wollte einfach Esther die Lage erklären und sie auf die nächsten Schritte vorbereiten. *Nur für den Fall, dass sie es vielleicht doch verstand.*

Einige Male kam ich mir an diesem Tag mehr wie ein Beobachter des ganzen Geschehens denn wie ein daran Beteiligter vor, fühlte mich losgelöst von allem – beinahe, als sähe ich es in einem Film. Ich will jetzt nicht behaupten, dass es eine außerkörperliche Erfahrung war oder etwas ähnlich Abwegiges, doch es war schon ein ziemlich surreales Gefühl, fast nebulös. Ich wusste genau, dass ich mittendrin lebte, aber ich empfand es so, als würde ich alles von einer höheren Warte aus betrachten. Die Leute redeten alle miteinander, aber mal hörte ich, was sie sagten, und dann wieder nicht. Ich war zu sehr durch meine eigenen Gedanken abgelenkt, die sich in meinem Kopf überschlugen und immer mehr Tempo aufnahmen, je näher der Augenblick rückte, in dem Esther in den Anhänger verladen wurde.

Vier Autos würden die Eskorte bilden – unser Tierarzt, meine Mutter und mein Stiefvater, meine Schwester und Jo-Anne McArthur, eine Spitzenfotografin, die unseren Umzug im Bild festhalten und dokumentieren sollte. Um halb zehn waren die Katzen in ihren Transportkörben in den Wagen verladen, und dann war es Zeit für unser großes Mädchen.

Wir hatten keine Ahnung, wie es ausgehen würde. Ich war ja ein bisschen draußen im Garten mit ihr gewesen, um ihre Nerven zu beruhigen, bevor wir den ersten Versuch unternahmen. Ich hatte versucht, sie abzulenken, denn es kamen dauernd Leute, und es wurden die ganze Zeit Türen geöffnet und wieder geschlossen. Ich wollte sie ein bisschen wühlen lassen, damit sie ein wenig zu ihrer natürlichen Routine zurückfand – ein letztes Mal wenigstens noch, ehe es in den Anhänger ging.

Zu unserer großen Überraschung dauerte es keine fünf Minuten, bis wir Esther im Wagen hatten. Derek und ich waren in den Anhänger gestiegen, hatten etwas Trockenfutter ausgestreut und ihr einen Apfel hingehalten – und schon folgte sie uns! Wir erschraken fast darüber angesichts all der Vorwarnungen, die wir uns hatten anhören müssen – waren aber doch enorm erleichtert, dass es so gut geklappt hatte.

Mit der Transportfirma war abgesprochen, dass Derek und ich während der Fahrt bei Esther im Anhänger bleiben würden. Offenbar ist es nicht erlaubt, dass Personen sich während des Transports von Tieren im Anhänger aufhalten, aber wir hatten den Leuten gleich gesagt, dass wir uns einen anderen Verleiher suchen würden, wenn wir nicht bei Esther mitfahren durften, also hatte uns die Firma eine über einen Meter hohe Trennwand in den Wagen montiert, damit wir uns dahinter zurückziehen konnten, falls Esther unterwegs einen Koller bekam. Natürlich wussten wir, dass sie uns nie absichtlich etwas zuleide tun würde, aber man konnte schließlich nicht ahnen, was passierte, wenn sie in Panik geriet.

Als die Heckklappe des Anhängers geschlossen wurde, fragte einer unserer Freunde: »Na, wie fühlt ihr euch?«

»Ich weiß gar nicht, was ich sagen soll«, setzte Derek an, doch dann kamen ihm schon die Tränen. Ich legte den Arm um ihn und drückte ihn an mich, und wir lachten beide. Ich wollte gerade noch einen Scherz darüber machen, dass es diesmal *er* war, der losflennte, denn eigentlich war dies ja *meine* typische Methode der Stressbewältigung, aber da wurde die Klappe schon geschlossen – und auf ging's zur Farm.

Im Anhänger befanden sich außer uns dreien nur etwas Heu sowie Esthers Matratze und ihre Decke, denn wir wollten natürlich, dass sie es bequem hatte. Und sie verbrachte die gesamte Fahrt auf der Matratze. Stehend. Sie stand die ganze Zeit auf ihrem Bett, grunzte ab und zu, drehte sich um, machte ein paar Schritte, aber alles auf ihrer Unterlage. Auch ich blieb während der Fahrt stehen – man muss sich ja ein wenig solidarisch zeigen. Es war an diesem Vormittag das erste Mal, dass Derek und ich einen Moment nur für uns beide hatten – und vor uns lag eine Dreiviertelstunde trauter Dreisamkeit; eine ziemlich lange Fahrt für zwei Männer in einem Pferdeanhänger, umso mehr, wenn diese Männer sich in Begleitung eines rund dreihundert Kilo schweren Schweins befanden, das im ausgewachsenen Alter noch nie irgendwo hingefahren worden war.

Derek stand sichtlich unter Druck; ich komme mit Stresssituationen besser zurecht als er. (Das können Sie mir glauben. Sehen Sie mich nicht so an.)

»Geht's dir gut?«, fragte ich.

Er nickte nur.

»Schatz, wir schaffen das«, versicherte ich ihm. »Ich weiß, dass es ein Kraftakt ist, aber wir sind auf dem Weg in ein neues, aufregendes Kapitel unseres Lebens. Wir werden etwas bewegen. Wir werden ganz vielen Tieren helfen.«

»Wie kann man nur so verrückt sein«, sagte er. »Haben wir das wirklich getan?«

»Ich glaube schon.«

Natürlich hatten wir – und falls wir es vergessen haben sollten, brachte die holprige Fahrt in dem Pferdeanhänger es uns wieder in Erinnerung. An der Stirnwand des Wagens befand sich eine kleine Fensteröffnung, durch die ich hinausschauen konnte, aber es war halt nur ein schmaler Schlitz, so dass ich nicht sah, wo wir gerade waren. Also verbrachte ich die ganze Fahrt damit, nach draußen zu schielen und zu versuchen, mir ungefähr auszurechnen, wie lange es wohl noch dauern konnte – doch die meiste Zeit lag ich vollkommen daneben.

Fast die ganze Fahrt war Esther *so* ein gutes Mädchen. Erst kurz vor unserem Ziel drehte sie sich plötzlich um, hockte sich hin und pisste in den Anhänger. Sie hatte es zu 99 Prozent geschafft; bis eine halbe Minute vor unserer Ankunft hatte sie sich zusammengenommen, doch dann hatte sie es nicht mehr halten können – da konnte man ihr einfach nicht böse sein. Wenn mich jemand völlig unvorbereitet für eine vierzigminütige Fahrt in einen dunklen Transportwagen stecken würde, wäre ich mir auch nicht sicher, ob ich mir nicht in die Hose machen würde – es käme wohl auf meine Verfassung an.

Trotz der eingeschränkten Sichtverhältnisse merkte ich es aber doch genau, als wir endlich kurz vor dem Ziel waren, denn unsere Farm liegt an einer geteerten Schotterpiste. Möglicherweise hatte auch Esther gemerkt, dass wir die asphaltierte Straße verließen, und das hatte sie veranlasst, sich zu erleichtern. Dann verlangsamte sich das Tempo, und wir bogen in unsere Auffahrt ein. Ich konnte sehen, wie wir an den Zedern vorbeifuhren, und spürte es, als der Anhänger die Brücke überquerte. Und ich schwöre, dass ich mir das nicht eingebildet habe: Alles wurde mit einem Mal heller, nachdem wir an dem Wäldchen vorbei waren und die Lichtung erreichten, auf der die Scheune und das Wohngebäude standen. Dann ging es noch einmal um die Ecke, und wir befanden uns auf *unserem Stück Land.* Ich konnte all die Menschen sehen, die vor der Scheune auf uns warteten. Es war ein unbeschreibliches Gefühl zu wissen, dass es vollbracht war: Wir waren *da*.

So viele Menschen waren gekommen, um uns in Empfang zu nehmen. Ich hörte einige von ihnen schwatzen und wiederum andere sie ermahnen, nicht so laut zu sein, weil Esther sich sonst erschrecken könnte. Wir hatten vorher darum gebeten, dass bei unserer Ankunft kein Lärm gemacht würde, damit Esther es nicht gleich mit der Angst bekam. Wir fuhren an der Scheune vorbei und direkt auf die Weide, die wir jüngst eingezäunt hatten. Endlich konnten wir Esther eine richtige Weide zeigen, einen Ort, an dem sie wühlen und herumtollen und wundervolle Natur genießen durfte. Mir ging das Herz auf vor Freude.

Als die Klappe aufging, stand Esther zuerst nur da

und wusste nicht recht, was sie mit sich anfangen sollte. Aber dann lief Shelby schwanzwedelnd um den Anhänger herum und begrüßte uns freudig, und sowie Esther sie erblickte, kam sie zur Ergötzung sämtlicher Zuschauer behäbig aus dem Anhänger getrottet. Kein Drehbuchautor hätte die Szene besser hingekriegt.

Wir ließen Esther zunächst ein paar Minuten Zeit, um sich zu orientieren, ehe wir sie aufforderten, uns auf einen Rundgang um die ganze Weide herum zu begleiten. Das ließ sie sich nicht zweimal sagen; unsere Gäste hielten sich derweil im Hintergrund und schauten zu, wie wir Esther ausführten, sie dabei aber ganz sich selber überließen, damit sie sich in Ruhe ein Bild von ihrer neuen Umgebung machen konnte. Es tat gut, ihr zuzusehen, wie sie die Weide erforschte, indem sie den Hunden auf einem ausgiebigen Spaziergang folgte. Es war genau so, wie es uns immer vorgeschwebt hatte – wir mit Esther und den Hunden auf einer Wanderung über ein langgestrecktes Stück Weideland. Und da war sie nun, marschierte kreuz und quer herum und freute sich ihres Lebens. Einfach nur schön. Die Weide war noch nicht gemäht, also reichte das vom morgendlichen Regen nasse Gras uns bis zu den Hüften, und wir bekamen alle feuchte Beine, aber das schien niemanden zu kümmern. Wir waren eine gute Stunde unterwegs, legten manchmal auch ein Stück laufend zurück, während Esther ihr großes neues Reich für sich entdeckte.

Schließlich machten wir uns auf den Weg zurück zur Scheune, um endlich unsere Gäste zu begrüßen, von denen viele unsere Finanzierungskampagne im Internet unterstützt hatten. Wir hatten uns ja schon gründlich ausgeheult, als wir Esther in den Anhänger luden, also sollte man meinen, dass wir vorerst mit Tränen durch waren, aber davon konnte leider keine Rede sein, und Sie haben es wahrscheinlich schon geahnt: Als Derek all denjenigen, die am Morgen zum Haus gekommen waren, um uns zu helfen, seinen Dank aussprechen wollte, brachte er nicht einmal den ersten Satz zu Ende – da war er schon in Tränen ausgebrochen.

Alles in allem jedoch waren wir bemerkenswert gefasst, als wir endlich bei unserer Farm ankamen, und leisteten uns keine weiteren übermäßig emotionalen Ausbrüche vor unseren Gästen. Das hatte auch damit zu tun, dass uns das alles einfach schier übermannte und wir kaum wussten, wie uns geschah.

Natürlich war Esther schon in unserem alten Haus in Georgetown immer gut bei uns aufgehoben gewesen, hier aber war sie wirklich *außer Gefahr*. Sie lebte nicht länger an einem Ort, an dem sie gar nicht sein durfte. Wir brauchten sie nicht mehr zu verstecken. Wir brauchten uns keine Sorgen zu machen, was geschähe, falls man sie entdeckte, und dass man sie uns fortnehmen könnte. Dies war nun ihre Heimat, wo sie stolz und zufrieden tun und lassen durfte, was und wo sie es wollte. Es war ein solches Gefühl der Erleichterung. Eine Riesenlast war uns von der Seele genommen. Und auch, wenn man glaubt, dass Esther selber davon gar nichts ahnte – so, wie sie ja auch nicht wusste, dass sie im Grunde genommen mit knapper Not der Verwurstung in einer Großschlachterei entkommen und eigentlich immer auf der Flucht gewesen war und bei uns quasi dauerhaft Unterschlupf gefunden hatte –, kam es uns so doch vor, als würde sie durchaus merken, dass sie zum ersten Mal in ihrem Leben richtig *frei* war. Wie ich schon immer betont habe: Schweine sind schlau. Und Esther ist so schlau, wie ein Schwein nur sein kann.

Nachdem unsere Gäste alle gegangen waren, fuhr Derek zurück nach Georgetown, um die restlichen Sachen einzupacken. Ich blieb inzwischen bei Esther und den übrigen Mitgliedern unserer Menagerie und fing damit an, es uns in unserem neuen Haus langsam, aber sicher heimisch zu machen. Als Derek spät am Abend zurückkam, tranken wir ein Glas Wein und unternahmen noch einen kurzen Spaziergang mit den Hunden. Esther schlief bereits im Wohnzimmer auf ihrer Matratze, also nutzten wir die Gelegenheit, einmal durchzuatmen und einen ehrfurchtsvollen Blick in unsere neue Umgebung zu werfen.

Wenn ich nun behaupte, dass wir von diesem Moment an all unsere Sorgen los waren, würden Sie mir ja doch nicht glauben. Das hatte ich auch gar nicht vor. Wir hatten eine Menge erreicht, aber schon bald drang uns wieder ins Bewusstsein, auf was wir uns damit eingelassen hatten, und Zweifel und Skrupel kehrten zurück. Dies war nun das Ende des einen Kapitels und der Beginn eines neuen und ganz, ganz anderen. Der erste Schritt zu unserem Gnadenhof war getan. Wer konnte ahnen, wie sich alles weiterentwickeln würde? Hier fehlte uns jede Erfahrung.

Mit der Erkenntnis, dass es *der leichte Teil* gewesen war, die Farm zu finden und sie in Besitz zu nehmen, kam uns zu Bewusstsein, dass *die richtige Arbeit* uns erst noch bevorstand. Aber dies war eben unser neues Leben. All die unglaublichen und wundervollen Dinge, die uns widerfahren waren, hatte ein Tier ausgelöst, das für die meisten Menschen nicht mehr Bedeutung hat als ein Strichcode in einem Supermarkt. Ich hätte mir nie träumen lassen, dass eine einzige Entscheidung, nämlich die, ein kleines Ferkel – das sich allerdings zu einem gar-nicht-mehr-so-kleinen Schwein entwickeln sollte – bei uns aufzunehmen, unser Leben so gründlich auf den Kopf stellen und darüber hinaus noch so viele weitere Leben verändern würde.

So lebt sie nun glücklich und zufrieden bei uns, unsere allzeit frohe Esther. Zwar hatten *wir* sie adoptiert, aber die Botschaft, die wir von *ihr* übernommen haben – *Lebensfreude schenken* –, hat zwei ganz neue Menschen aus uns gemacht.

Und das alles nur, weil wir uns in ein Schwein und sein Lächeln verliebt haben.

Epilog

Für die meisten Menschen wäre ein Schritt wie der, den wir vollzogen haben, Anlass, innezuhalten und es langsamer angehen zu lassen. Wir dagegen starteten jetzt erst richtig durch. Der Kauf der Farm war bloß der Beginn von Esthers Mission. Sie hat unser beider Leben verändert. Das ist nicht zu übersehen. Sie hat uns beigebracht, die Menschen zu werden, die wir heute sind. Sie hat uns gelehrt, bedingungslos zu lieben, und sie hat uns gezeigt, welche Macht in einem Lächeln stecken kann.

Niemand hat es treffender auf den Punkt gebracht als der Anthropologe Dr. Paul Farmer: »Die Vorstellung, dass manche Leben weniger wert sind als andere, ist die Wurzel allen Übels auf der Welt.« Esther hat uns geholfen, den Wahrheitsgehalt dieser Aussage zu begreifen.

Also müssen wir uns nun bemühen, die Welt zugunsten der übrigen »Esthers« da draußen zu verändern.

Nachdem der Umzug vollbracht war, hatten Derek und ich ein paar Tage mehr oder weniger für uns allein Ich wünschte, berichten zu können, dass es einen besinnlichen Moment gab, in dem wir zufrieden mit uns auf das Erreichte zurückblickten, aber Besinnlichkeit konnten wir vergessen – und dabei ist es doch unsere Vorstellung von Zufriedenheit, gemütlich auf dem Sofa nebeneinander vor dem Fernseher zu sitzen und uns einfach nur berieseln zu lassen. Wir sind viel zu sehr damit beschäftigt, unsere Köpfe über unsere Smartphones zu senken.

Nein – hier muss ich mich berichtigen. Es gab durchaus (und wiederholt) magische Augenblicke, in denen wir unser Glück nicht fassen konnten; meistens dann, wenn wir mit Esther einen Rundgang um das Grundstück unternahmen und uns gegenseitig an die erstaunlichen Dinge erinnerten, die uns während der vergangenen zehn Monate widerfahren waren – und uns dabei gleichzeitig in Tagträumen davon ergingen, was die Zukunft wohl für uns bereithielt.

Und diese Zukunft war *jetzt*. Unsere sämtlichen Gespräche über unseren Umzug von Georgetown hierher führten geradewegs zu der Frage, wie es weitergehen sollte: *Nun sind wir hier; was tun wir?* Und wir konnten es beide nicht abwarten, Hand anzulegen.

Es vergeht kein Tag, an dem Derek und ich uns nicht ansehen und es immer noch nicht fassen, welche Hilfsbereitschaft uns von Wildfremden entgegengebracht worden ist. Das hat uns unseren Glauben an Wunder wiedergegeben. Wir haben Esther gar nicht gefunden, sondern *sie uns*. Und das wiederum ließ uns unsere Berufung finden.

Jeder von uns sonnt sich gerne in dem Gefühl, stets sein Allerbestes zu geben – aber was bedeutet das eigentlich? Und für wen geben wir denn *unser Bestes*? Es gibt manchmal einen Punkt, an dem man einen Schritt zurücktreten muss, um zu begreifen, dass es mit dieser Welt möglicherweise sehr viel mehr auf sich hat, als wir annehmen. Esther ist dafür ein vorzügliches Beispiel. Bloß weil wir – wie die meisten anderen Leute auch – unser ganzes Leben lang geglaubt haben, dieses oder jenes wäre in Ordnung, bedeutet das noch lange nicht, dass es sich damit auch *wirklich* so verhält. Unsere Beziehung zu Esther hat uns die Augen geöffnet, und seitdem betrachten wir es als unsere Aufgabe, der Welt zu offenbaren, was Esther uns gelehrt hat – nämlich, den Menschen zu zeigen, wie ein jeder von uns dem anderen mit mehr Wertschätzung und weniger Unvoreingenommenheit begegnen kann. Vielleicht eignet sich unsere Geschichte als Beweis dafür, welche erstaunlichen Leistungen man vollbringen kann, wenn man nur an sich selber glaubt und sich richtig ins Zeug legt – selbst dann (oder vielmehr *gerade dann)*, wenn andere einem weismachen wollen, dass es nicht zu schaffen sei.

Wir haben uns bei jedem einzelnen Schritt unseres Weges mit Selbstzweifeln geplagt, standen abwechselnd kurz davor, alles hinzuwerfen, zogen uns gegenseitig vom Rande des Abgrunds weg, aber *wir haben es geschafft.* Derek und ich haben so viele Dinge vollbracht, von denen wir niemals, nicht in einer Million Jahren, geglaubt hätten, dass sie uns glücken würden. Wir hätten nie für möglich gehalten, dass wir uns an einen »Esther-gerechten« Lebensstil gewöhnen könnten, aber wir haben es geschafft. Wir hätten nicht gedacht, dass wir in unserem Haus ein Dreihundertkiloschwein beherbergen könnten, aber wir haben es geschafft. Und ganz bestimmt hätten wir nie und nimmer geglaubt, dass wir Tausende von Menschen aus der ganzen Welt um uns scharen könnten, die uns alle helfen wollten, eine Heimstatt für Tiere in Not zu finanzieren. Aber wir haben es geschafft. Lebensfreude wirkt Wunder, und nun geben wir etwas davon weiter. Esther ist der lebende Beweis dafür, dass ein Lächeln die Welt verändern kann.

Und auch in unserem Leben hat sich einiges verändert, seit wir hier sind. Zum einen wird es hier nachts wirklich richtig dunkel, und ich habe Angst vor der Dunkelheit – was mir früher gar nicht bewusst gewesen ist. Also flitze ich noch nach neun Monaten unseres neuen Lebens die hundert Meter von meinem Auto bis zum Haus wie ein Sprinter bei den Olympischen Spielen. Ich hatte keine Ahnung, dass ich so schnell rennen kann.

Und ich hätte auch nie gedacht, ausgerechnet an einem 1. April Plazenta vom Schwein an meinen Händen zu haben. (Nein – Esther hat niemanden an sich herangelassen. Sie ist eine anständige Lady.) Wir hatten eine trächtige Sau bei uns aufgenommen, die kurz darauf einem Quintett von entzückenden kleinen Quietschern das Leben schenkte, was garantiert kein Aprilscherz war – aber ihr Timing deutete zumindest darauf hin, dass sie die Sache mit Humor angegangen ist. Also haben wir jetzt fünf süße Ferkelchen, die an der Seite ihrer Mutter (die wir *April* getauft haben) bei uns groß werden.

Kaum zu glauben, dass all dies vor wenig mehr als einem Jahr erst in weiter Ferne lag. Jeden Tag blicke ich mich einmal verstohlen um und kneife mich selber, um mir zu beweisen, dass der Traum tatsächlich wahr geworden ist.

Während ich dies schreibe, haben wir neununddreißig Tieren sicheren Unterschlupf gewährt: sechs Hasen, sechs Ziegen, zwei Schafen, zehn Schweinen (Esther nicht mitgezählt), einem Pferd, einem Esel, drei Kühen, drei Hühnern und einem Pfau. Dazu kommen unsere fünf ursprünglichen Lieblinge, und wir erhalten fast jeden Tag Anfragen, ob wir nicht weitere Tiere aufnehmen können. Wenn Sie dies hier lesen, wird die Zahl unserer Gäste größer geworden sein. Und wir freuen uns darauf, sogar noch mehr Bewohner unserer Farm bei uns willkommen heißen zu dürfen, wo sie dann so glücklich leben dürfen wie unsere »Allzeit frohe Esther.«

Rezepte

TACOS MIT KIDNEY-BOHNEN UND SELBSTGEMACHTER VEGANER CASHEW-SOUR-CREAM

Zutaten:
Für die Tacos:
8 fertig gekaufte Tortilla-Wraps
(aus Weizen- oder Maismehl)
2 Avocados, in kleine Würfel geschnitten
2 Tomaten, fein gehackt
2 Tassen Salsasauce
Eine Handvoll feingehackte Korianderblätter
1 Limette, in Spalten geschnitten
400-g-Dose Kidney-Bohnen, abgetropft

Für die Sour Cream:
1 Tasse Cashewkerne
½ Tasse Wasser (nicht das Einweichwasser
für die Cashewkerne verwenden)
Saft einer halben Zitrone
1 halber TL Apfelweinessig

Die Bohnen mit einer halben Tasse Salsa bei mittlerer Hitze erwärmen und beiseitestellen. Die Tortillas nach Packungsanweisung zubereiten. In jeden Wrap je einen gehäuften Esslöffel warme Bohnen, Avocado, Tomate und die restliche Salsa füllen und mit ein paar Spritzern Limettensaft und einem Schlag Sour Cream verfeinern. Zusammenrollen und genießen.

Die Cashewkerne mindestens vier Stunden in einer Schüssel mit Wasser einweichen (darauf achten, dass sie vollständig mit Wasser bedeckt sind) oder im Mixer zerkleinern. Abgießen und mit den restlichen Zutaten im Mixer pürieren.

TOMATEN-KÜRBIS-SUPPE MIT CURRYLINSEN

Zutaten:
1 Zwiebel, fein gehackt
2 Knoblauchzehen, klein gehackt
1 Hokkaido-Kürbis (*)
4 Tassen Gemüsebrühe oder -fond
2 Tassen Wasser
200-g-Packung passierte Tomaten
1 Süßkartoffel, in Würfel geschnitten
3 Möhren, klein gehackt
½ Tasse rote Linsen
1 TL Currypulver (wer es pikanter mag, nimmt etwas mehr)

Kürbiskerne entfernen und Fruchtfleisch und Schale des Kürbis in kleine Stücke schneiden. In einen Topf eine Vierteltasse Gemüsebrühe oder -fond füllen und die Zwiebeln und den Knoblauch darin etwa fünf Minuten lang sautieren. Die restlichen Zutaten hinzufügen und mit geschlossenem Deckel zum Kochen bringen, danach bei kleiner Hitze dreißig Minuten köcheln lassen.

(*) Wir haben hier einen Hokkaido-Kürbis verwendet, weil dessen Schale essbar ist. Wer auf einen noch aromatischeren, nussigen Geschmack Wert legt, kann aber auch einen Moschuskürbis, einen Butternusskürbis oder auch einen Eichelkürbis verwenden, doch müssen diese Kürbissorten vorher geschält werden.

RÄUCHERTOFU-WRAP

Zutaten für 1 Wrap:
¼ Packung Räuchertofu, in dünne Scheiben geschnitten
½ Esslöffel BRAGG Liquid Aminos (*) oder Sojasauce
1 Salatblatt, in Streifen geschnitten
1 halbe Tomate, in Scheiben geschnitten
1 TL Salatmayonnaise ohne Ei, z. B. VEGENAISE
1 Tortilla (glutenfrei, also keine aus Weizenmehl verwenden, sondern aus Mais- oder Reismehl, z. B. von SCHÄR

Die Räuchertofuscheiben mit dem BRAGG Liquid Aminos oder der Sojasauce bei mittlerer Hitze kurz in der Pfanne anbraten, was dem Tofu einen ganz besonderen Geschmack verleiht. Die vegane Salatmayonnaise auf der Hälfte des Wrap verstreichen, Räuchertofu- und Tomatenscheiben drauflegen und mit Salatstreifen bestreuen; zusammenrollen und genießen.

(*) BRAGG Liquid Aminos ist ein flüssiges Proteinkonzentrat. Wenn man es nicht bekommt, kann man auch eine beliebige Sojasauce verwenden.

Für dieses Rezept kann natürlich auch normaler Tofu verwendet werden.

Zutaten:
1 Zwiebel, klein gehackt
3 TL Bio-Pflanzenmargarine oder Pflanzenöl
1 grüne Paprika, in kleine Stücke geschnitten
10 Champignons oder andere Speisepilze, in Streifen geschnitten
4 Stängel Sellerie, klein gehackt
2 Knoblauchzehen, klein gehackt
½ Laib Roggen- oder anderes glutenfreies Brot, angeröstet und in Würfel geschnitten
250 ml Gemüsebrühe oder -fond
3 EL Tamarindenkonzentrat (in Asia-Läden)
1½ TL Geflügelgewürz
Pfeffer nach Belieben

Die Zwiebel in Pflanzenmargarine oder Pflanzenöl in einer großen Pfanne bei mittlerer Hitze anbraten, bis sie weich ist; dann das übrige Gemüse dazugeben und ein paar Minuten braten lassen. Die restlichen Zutaten beimischen und weiter köcheln lassen, bis die Brotwürfel sämtliche Flüssigkeit aufgesogen haben.

VEGANER CASHEW-DILL-KÄSE

Zutaten:
1 Tasse Cashewkerne
¼ Tasse Hefeflocken
1 TL Meersalz
1 TL Zwiebelpulver
125 ml Wasser
1 TL Agar-Agar-Pulver (zum Gelieren;
aus dem Reformhaus)
1 geh. EL frischen Dill, fein gehackt

6 Mulden einer Muffinbackform mit Pflanzenöl ausfetten. Cashewkerne, Hefeflocken, Salz und Zwiebelpulver in einem Mixer pürieren. Das Wasser in einem kleinen Topf aufkochen und das Agar-Agar-Pulver hinzufügen. Mit dem Schneebesen verrühren, dann bei kleiner Hitze fünf Minuten unter häufigem Rühren köcheln lassen. Cashewmischung hinzufügen und alles verrühren. Dill hinzufügen und noch einmal verrühren. Die Mischung auf die Muffin-Mulden verteilen und vor dem Verzehr für etwa eine Stunde in den Kühlschrank stellen.

Tipps und Tricks: Man kann statt des Dills und des Zwiebelpulvers auch andere Gewürze nach eigenem Geschmack verwenden, z. B. fertig gekaufte Taco-Gewürzmischung, um den Käse dann warm als Nacho-Dip zu servieren. In diesem Fall wird der Käse nicht in den Kühlschrank gestellt, um sich zu setzen. (So mag ich's am liebsten.)

SCHOKOLADENCHIP-KEKSE MIT KOKOS-TAHINE

Zutaten für 12 Kekse:
⅓ Tasse Hafermehl (*)
½ TL Backpulver
½ TL Meersalz
1 Ei-Ersatz (** Wie man Ei-Ersatz aus Chia- oder Leinsamen selbst herstellt, lesen Sie unten)
½ Tasse Bio-Tahina (Sesammus)
½ Tasse brauner Rohzucker
½ Tasse milchfreie Schokoladenchips oder Schokotropfen
½ Tasse getrocknete Kokosflocken, in einer Pfanne ohne Fett leicht angeröstet
½ TL Vanilleschoten-Extrakt (kein künstliches Aroma verwenden)
1–2 EL Wasser

Den Backofen auf 200 Grad (Ober- und Unterhitze) bzw. 180 Grad (Heißluft) vorheizen. Hafermehl, Backpulver und Salz in einer großen Schüssel gründlich vermischen. In einer weiteren kleineren Schüssel Tahina, Vanille-Extrakt und Zucker vermischen. Den Inhalt der kleineren Schüssel mit dem Ei-Ersatz in die große Schüssel geben. Schokoladenchips und Kokosflocken hinzufügen und alles gründlich verrühren. Falls nötig, 1–2 EL Wasser hinzufügen, damit ein Teig entsteht. Für jeden Keks 2 TL Teig auf Backpapier zu einer Kugel kneten und flachdrücken. 12–14 Minuten auf mittlerer Schiene backen, bis die Kekse beginnen, braun zu werden. (Den Keksen vor dem Backen die gewünschte Form geben.)

(*) Da Hafermehl relativ teuer ist, kann man es auch selbst herstellen, indem man zarte (nicht kernige) Haferflocken in einem guten Mixer oder einer Kaffeemühle selber mahlt.

(**) 1 EL Chia- oder Leinsamenpulver in einer kleinen Schale mit 3 EL Wasser mischen und mit der Gabel verrühren. Die Mischung mindestens zehn Minuten ruhen lassen, bis sie geliert.

NUSSIGES SCHOKOLADENEIS AM STIEL (4 STÜCK)

Zutaten für 4 Stück:
Für die Eiscreme:
400-ml-Dose cremige Kokosnussmilch
4 TL Ahornsirup
1 TL Vanilleschoten-Extrakt

Für die Schokoladenkuvertüre:
2 ½ TL Ahornsirup
2 ½ TL Kakaopulver
2 ½ TL Kokosöl
¼ Tasse fein gehackte Mandeln oder Pekannüsse
1 Prise Meersalz

Die ungeöffnete Dose Kokosnussmilch mindestens drei Stunden oder über Nacht in den Kühlschrank stellen, damit sich die Sahne oben in der Dose absetzt. Sobald sie kalt ist, die Dose öffnen und die feste Sahneschicht vorsichtig abschöpfen. Die verbliebene Milch kann z. B. für Smoothies verwendet werden.

Kokossahne, 4 TL Ahornsirup und Vanilleextrakt in einer Schüssel oder mit dem Mixer verrühren, dann in vier kleine Eiscremeformen füllen. Die Stiele in die Formen stecken und die Formen mindestens zwei Stunden ins Gefrierfach stellen.

Die Zutaten für die Kuvertüre in einem kleinen Topf bei mittlerer Hitze erwärmen und so lange umrühren, bis das Kokosöl flüssig geworden und alles gut vermischt ist. Den

Topf vom Feuer nehmen und etwa zwanzig Minuten abkühlen lassen.

Wenn das Eis gefroren ist, an den Stielen aus den Formen nehmen und mit einem Messer mit der Kuvertüre bestreichen; danach auf einem mit Backpapier bedecktem Untersatz noch einmal für etwa zwanzig Minuten ins Gefrierfach legen, bis die Kuvertüre fest ist.

EISBECHER, VON ESTHER GEPRÜFT UND FÜR GUT BEFUNDEN

Zutaten für 2 Personen:
3 geschälte Bananen, gefroren
1 TL Vanilleschoten-Extrakt
2–3 TL Milchersatzgetränk, z. B. aus Soja, Mandeln, Reis etc. Diese Getränke werden meist als »Drinks« bezeichnet; auf den Zusatz »BIO« achten!

Für eine warme Wildbeerensauce:
½ Tasse frische oder gefrorene Himbeeren, Blaubeeren oder Erdbeeren oder eine Mischung aus allen
¼ Tasse Wasser

Für eine Schokoladensauce:
⅓ Tasse milchfreie Schokoladenchips oder Schokotropfen
¼ Tasse Milchersatzgetränk (s. o.)
1 Messerspitze Meersalz

Die Bananen in jeweils vier Stücke brechen und in einer Schüssel zerstampfen. Vanilleschoten-Extrakt und Milchersatz hinzufügen und alles in einem Mixer pürieren. Wenn die Konsistenz für Speiseeis noch zu fest ist, etwas Milchersatz hinzufügen.

Die Zutaten für die warme Wildbeerensauce in einem kleinen Topf unter häufigem Umrühren erwärmen und zum Eis servieren. Da das Eis bereits süß genug ist, erübrigt sich der Zusatz von Zucker für die Sauce.

Die Zutaten für die Schokoladensauce in einem kleinen Topf bei kleiner bis mittlerer Hitze unter häufigem Umrühren erwärmen, bis die Schokoladenchips geschmolzen sind und eine dickflüssige Sauce entsteht. Ist sie zu dick, noch etwas Milchersatz hinzufügen. Mit klein gehackten Erdnüssen, Mandeln oder Pekannüssen bestreut zum Eis servieren.

SELBSTGEMACHTE SCHOKOLADENSCHILDKRÖTEN

Zutaten für 30 Stück:
¾ Tasse milchfreie Schokolade; z. B. zartbittere Schokochips; geht aber auch gut mit klein gehackten Riegeln einer Schokoladentafel
12 weiche frische Datteln, entkernt oder ohne Zusatz von Konservierungsstoffen getrocknete Medjoul-Datteln
1 Tasse Pekannüsse, ganz
1 TL Vanilleschoten-Extrakt

Die Datteln und die Vanille in einer Schüssel vermischen. Notfalls mit den Händen arbeiten und die Datteln dabei etwas weichdrücken. Dann 30 pralinengroße Kügelchen formen und etwas flachdrücken. Das ist der Panzer der Schildkröte. Zwei Pekannüsse der Länge nach aufschneiden und sie vorne und hinten durch den Panzer stecken, um die vier Beine daraus zu bilden; ein weiteres kleines Stück Pekannuss als Kopf verwenden.

Die Schokolade im Wasserbad oder bei kleiner Hitze in einem Topf schmelzen; dabei ständig umrühren, damit sie nicht anbrennt. Sobald die Schokolade flüssig wird, Topf vom Herd nehmen. Einen Klecks der geschmolzenen Schokolade auf der Unterseite der Schildkröten verstreichen, damit die Beine und der Kopf besser halten; Schildkröten dann auf Backpapier legen und einen kräftigen Klecks Schokolade auf dem Panzer verteilen. Wenn alle Schildkröten fertig sind, im Kühlschrank fest werden lassen.

KIRSCH-KÄSEKUCHEN, VON ESTHER GEPRÜFT UND FÜR GUT BEFUNDEN

Zutaten:
300 g Seiden- oder anderes weiches Tofu
225-g-Packung TOFUTTI CREAMY SMOOTH Streichkäse (Frischkäse-Alternative)
¾ Tasse Zucker
Saft einer halben Zitrone
1 TL Vanilleschoten-Extrakt
1 fertig gekaufter Vollkorn-Kuchenboden
350 g entsteinte, gezuckerte Sauerkirschen im Glas

Ofen auf 200 Grad (Ober- und Unterhitze) bzw. 180 Grad (Heißluft) vorheizen. Tofu, Streichkäse, Zucker, Zitronensaft und Vanilleextrakt in einer Schüssel mischen und mit dem Mixer pürieren, bis eine steife Masse entsteht. Diese Masse gleichmäßig auf dem Vollkorn-Kuchenboden verteilen. (Vorher Tortenring um den Boden stellen.) 40–45 Minuten auf unterer Schiene backen. Leicht abkühlen lassen und dann in den Kühlschrank stellen. Mit Kirschen bestreuen und servieren.

SCHOKOLADENKUCHEN MIT ERDNUSSBUTTER

Zutaten:
500-600 g Seiden- oder anderes weiches Tofu
1 Tasse milchfreie Schokoladenchips oder -tropfen
½ Tasse Zucker
1 TL Vanilleschoten-Extrakt
¼ TL Meersalz
½ Tasse naturbelassenes Erdnussmus
(in Reformhäusern)
1 fertig gekaufter Vollkorn-Kuchenboden

Backofen auf 200 Grad (Ober- und Unterhitze) bzw. 180 Grad (Heißluft) vorheizen. Inzwischen die Schokochips bzw. -tropfen in einem Topf bei kleiner Hitze schmelzen lassen. Die geschmolzene Schokolade, das abgetropfte Tofu, Zucker, Salz und Vanilleextrakt mit einem Mixer verrühren, bis eine weiche Masse entsteht. Diese Masse gleichmäßig auf dem Vollkorn-Kuchenboden verteilen. (Vorher Tortenring um den Boden stellen.) Vierzig Minuten auf unterer Schiene backen. Aus dem Ofen nehmen und abkühlen lassen, anschließend in den Kühlschrank bzw. ins Tiefkühlfach stellen. Gekühlt oder gefroren genießen.

NUSSIGER VANILLEMIX

Zutaten:
½ l Wasser
1 Tasse Cashewkerne
3 Datteln, entkernt
1 TL Vanilleschoten-Extrakt

Die Cashewkerne über Nacht (bzw. mindestens vier Stunden) in einer abgedeckten Schüssel im Kühlschrank einweichen, danach Wasser abgießen und die Cashewkerne abspülen. Alle Zutaten im Mixer pürieren. Ergibt vier kleine Tassen köstlichen Mix. Innerhalb einer Woche verbrauchen.

Danksagungen

Wir bedanken uns bei:

Unseren Eltern und Geschwistern. Eure bedingungslose Liebe und eure unermüdliche Unterstützung bei der Verwirklichung unserer Träume, wie verrückt sie euch auch vorgekommen sein mögen, haben uns zu den Menschen gemacht, die wir heute sind.

Unserem wunderbaren Freundeskreis – dafür, dass ihr immer für uns da seid, für euer Verständnis und für eure tätige Mithilfe bei unseren sämtlichen Vorhaben. Ohne euch wäre unser Leben nicht das Abenteuer, das es geworden ist.

Dr. David Kirkham und dem gesamten Team des Cheltenham Veterinary Centre – weil man dort nie zu beschäftigt gewesen ist, um unsere Anrufe entgegenzunehmen und unsere unzähligen dummen Fragen zu beantworten – und das zu jeder Tages- und Nachtzeit.

Caprice Crane, weil du unsere Gedanken und Geschichten in etwas verwandelt hast, worauf wir unser ganzes Leben lang unendlich stolz sein werden. Auf dieser Seite ist nicht genug Platz, um dir zu sagen, wie viel uns deine Hilfe, deine Geduld, dein Sinn für Humor und deine Freundschaft bedeuten.

Erica Silverman, unserer Agentin. Wir können uns niemand anderen vorstellen, die uns besser durch die uns gänzlich unvertraute Welt des Bücherschreibens hätte geleiten können – vor allem, wenn uns alles über den Kopf zu wachsen drohte. Wir danken dir dafür, dass du uns geholfen hast, alles zu einem sinnvollen Ganzen zusammenzufügen, und während dieses spannenden Abenteuers unsere treue Begleiterin gewesen bist.

Bei Lauren Plude und Libby Burton, unseren Lektorinnen, weil ihr daran geglaubt habt, dass unsere Geschichte es wert ist, erzählt zu werden, und dafür, dass ihr uns geholfen habt, sie so zu erzählen, wie wir es uns vorgestellt haben.

Und bei den unzähligen Menschen, denen wir auf dieser unglaublichen Reise begegnet sind. Ihr habt eure Geschichten mit uns geteilt und uns die Motivation gegeben, die wir brauchten, um nicht aufzugeben, wenn wir an uns zu zweifeln begannen. Dieses Buch wäre ohne jede Einzelne und jeden Einzelnen von euch nie zustande gekommen.

Über die Autoren

STEVE JENKINS arbeitete als Immobilienmakler und lebte mit seinem Partner DEREK WALTER, einem professionellen Zauberkünstler, zusammen, als ihr Leben dank eines innig geliebten Schweins namens Esther völlig auf den Kopf gestellt wurde. Aber da Steve und Derek vor keiner noch so großen Herausforderung zurückschrecken, haben sie sich auf die Abenteuerreise ihres Lebens begeben und »Esther das Wunderschwein« zu einem enormen Medienereignis gemacht. Innerhalb von nur zwei Jahren haben Steve und Derek sich einen festen Platz in der Reihe der bekanntesten und einflussreichsten Tierschutzaktivisten erobert und auf der ganzen Welt Hunderttausende Anhänger um sich geschart.

Seit 2014 betreiben Steve und Derek in Campbellville, Ontario, die *Happily Ever Esther Farm*, einen Gnadenhof für verstoßene und misshandelte Nutztiere.

CAPRICE CRANE ist eine mit zahlreichen Preisen ausgezeichnete internationale Bestsellerautorin, die bisher fünf Romane veröffentlicht hat und auch als Drehbuchautorin für Film und Fernsehen arbeitet. Ihre flott lesbaren Romane handeln vom Leben moderner, junger Frauen. Ihr humorvoller, mit satirischen Beobachtungen gespickter Schreibstil hat ihr eine überaus treue Anhängerschaft in den sozialen Netzwerken eingebracht – und die Auszeichnung, von der *Huffington Post* in deren Liste der »50 lustigen Leute, denen man auf Twitter folgen sollte« aufgenommen zu werden.

Ihr Debütroman *Stupid and Contagious* (dt. *Alles außer Nachbarn*) ist in vierzehn Ländern erschienen und wurde 2006 mit dem *Romantic Times Reviewers' Choice Award* ausgezeichnet. Im folgenden Jahr konnte sie diesen Erfolg mit ihrem ebenso geistreichen wie witzigen zweiten internationalen Bestseller *Forget About It* (dt. *Von jetzt auf gleich*) wiederholen. Seitdem hat sie drei weitere Romane veröffentlicht, die allesamt von der Kritik hochgelobt wurden, darunter ihr erstes Jugendbuch, *Confessions of a Hater*, das im Herbst 2013 von der *New York Times* sehr lobend besprochen wurde.

Caprice Crane ist auch eine gestandene Drehbuchautorin. Ihr erster Spielfilm wurde 2011 von IFC Films produziert; im gleichen Jahr kaufte NBC eines ihrer Drehbücher fürs Fernsehen. Seitdem hat sie auch an CBS, 20th Century Fox und den Fernsehsender Hallmark Channel Drehbücher verkauft.

Ihre ganze Liebe gehört ihrem sechzehn Jahre alten Shih Tzu namens Max. Max ist blind und taub, was, wie Caprice Crane meint, der Grund dafür sein könnte, dass er es so lange mit ihr ausgehalten hat.

Caprice Crane schreibt weiterhin Romane und Drehbücher; ihr größter Wunsch sei es, die Menschen zum Lachen zu bringen, sagt sie – das Leben könne zwar sehr grausam sein, gleichzeitig aber auch urkomisch. Sie versuche, auch dem Schlechten im Leben noch das Beste abzugewinnen, und glaube fest daran, dass die beste Waffe gegen Schwermut ein gesunder Sinn für Humor sei.